東京のほっとなお茶時間

日本茶アーティスト
茂木雅世

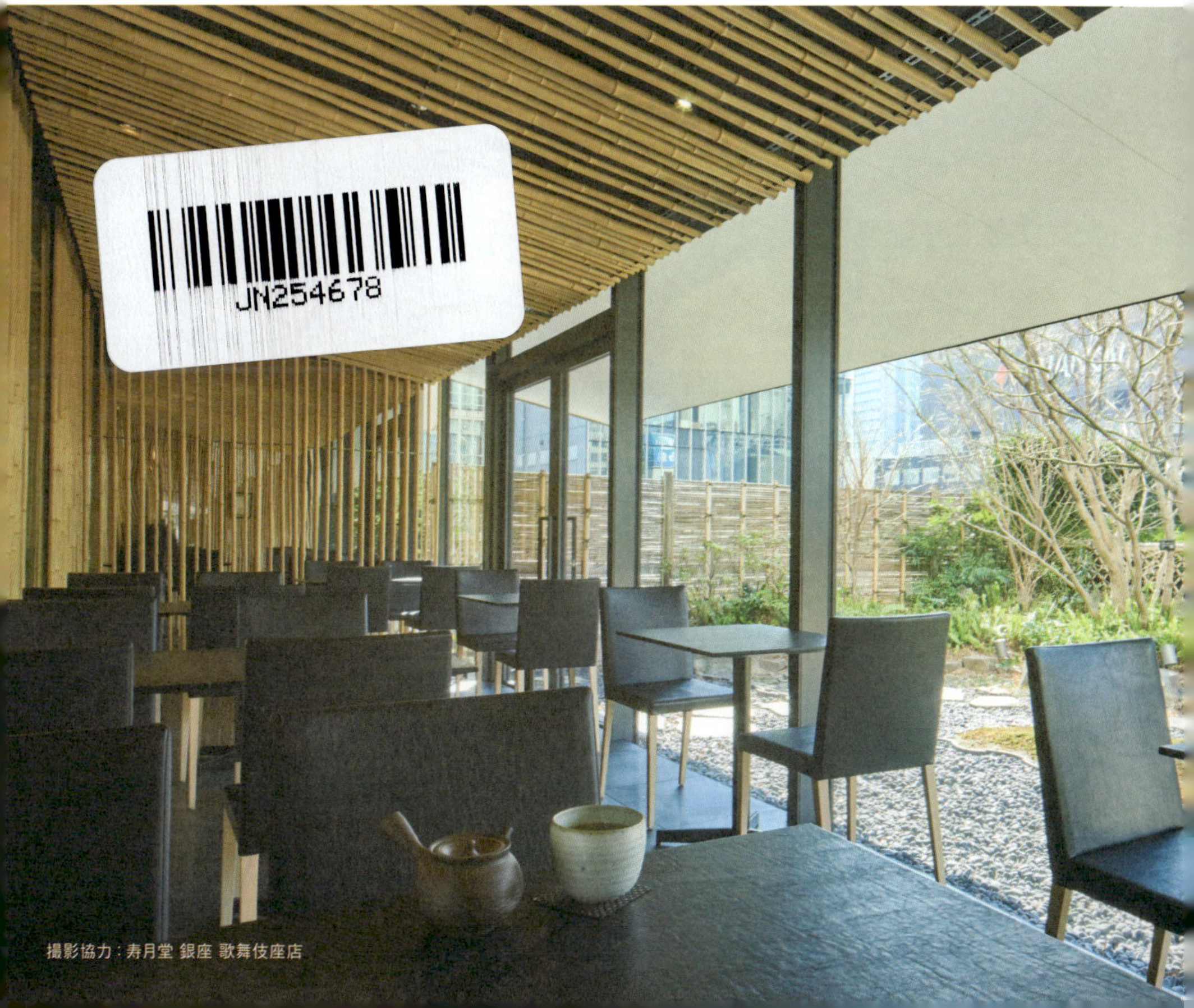

撮影協力：寿月堂 銀座 歌舞伎座店

はじめに

お茶を淹れるときに生まれる、
ゆったりとした時の流れ。
湯気が立ち上る情景。
そして、淹れる人によって少し違いが出る味わい――。

急須で淹れたお茶を頂くと、まるで直筆の手紙のように
淹れる人の想いが直に伝わってきます。
それは思いやりだったり、優しさだったり、いたわりだったり。
まるで上質な音楽や小説に触れたときのように、
あたたかい気持ちが広がって、心の渇きを癒やしてくれます。

１００杯のお茶があったら１００人の想いがある。
そして、１００個のストーリーがある。
自分で淹れるお茶もいいけれど、
淹れてもらったお茶は
ペットボトルや給茶機のお茶では味わえない、
至福の時間を約束してくれます。

カジュアルな空間で、
さっと気軽にリフレッシュできる時間。
伝統が息づく空間で、
凛とした気持ちでお茶と向き合う時間。
何もしない、何も考えない、お茶だけがある時間。
ちょっと心の余裕を取り戻す時間――。

本書で紹介しているのは、
そんな時間の提供を約束するお店ばかりです。
仕事でちょっと「疲れたな」と思ったときに
ふらっと足を運んでみてはいかがでしょう？
もちろん、気の置けない友人や大切な人と
のんびりしたいときに行くのもよいでしょう。

思わず「ほっ」と一息つきたくなる、
運命の一杯が、きっとあなたを待っています。

日本茶アーティスト　**茂木雅世**

写真：artless craft tea & coffee

東京のほっとな お茶時間 contents

CHAPTER 1 一度は行っておきたいお店

お茶を使った
ビールを飲んで
みたり

CHAPTER 2 東京駅・日本橋

お茶と一緒に
スイーツを
ほおばったり

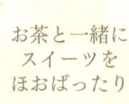

CHAPTER 3
銀座

本格的な抹茶を味わったり

CHAPTER 4
渋谷・表参道

1つの茶葉で何煎も楽しんだり

CHAPTER 5
目黒・自由が丘

かわいい店内や
メニューの写真を
撮ったり

CHAPTER 6
東京そのほかのエリア

お店によって
お茶菓子の違いを
楽しんだり

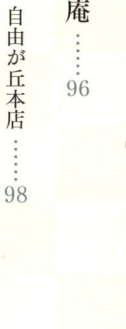

CHAPTER 7

東京からちょっと足をのばして

飲んで気に入った
お茶をお土産に
買ったり

日本茶とは思えない
キュートなラッピングの
お茶をプレゼント
したり

CHAPTER 8

茶葉を買って おうちで日本茶カフェ

COLUMN

お気に入りの
一杯がきっと
見つかります

本書の見方

SALE 店内で茶葉の購入ができる

SALE 店内で茶器の購入ができる

お茶のテイクアウトＯＫ

店内は全面禁煙

22 数字は店内の座席数

※本書掲載の写真・情報は2018年3月現在のものです。商品などの価格は税込表示です。本書の発売後、予告なく変更される場合があります。ご利用の前に、必ず各店舗へご確認ください。

CHAPTER 1 一度は行っておきたいお店

写真：NAKAMURA TEA LIFE STORE

コーヒーのようにハンドドリップで ショーを観ているようなお茶の時間

一度は行っておきたいお店 01

東京茶寮《とうきょうさりょう》

オリジナルの湯呑みに注目。1煎目、2煎目と飲む順番ごとに形を変えている。

お茶の色を引き立てるように、お店全体の配色を白：黒＝９：１のバランスにしているというこだわりの店内。斬新なスタイルで日本茶を頂ける。

コーヒーのように一杯ずつハンドドリップで提供する。その独特のスタイルは、煎茶の世界に新風を巻き起こしたといっても過言ではないだろう。

大通りから見ると、そこだけ浮かび上がっているような真っ白な空間が広がっている店内。まるでそこだけ違う時間が流れているかのような、そんな印象さえ抱いてしまうのが、三軒茶屋に店を構える同店だ。

メニューは「煎茶2種飲み比べ+お茶菓子」がおすすめ。ここでは産地や品種、農家ごとの味わいの違いや個性を楽しめる25種の茶葉を取り扱う。そこから月替わりで個性豊かな8種が提供され、そのうちの好きな2種を飲み比べられるのだ。煎茶はもちろん、同時に頂くことでお茶の風味を華やかに彩ってくれるお茶菓子も絶品ばかりだ。

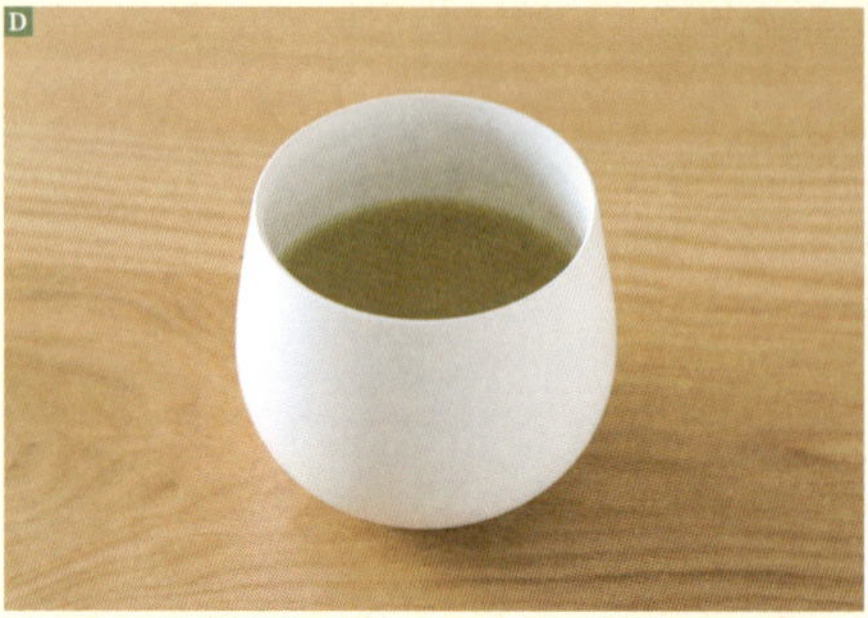

ABCDまるでコーヒーのように、バリスタが目の前で一杯ずつドリップしてくれるお茶。E１煎目は写真手前、２煎目は写真奥と、味の違いに合わせたオリジナルの湯呑み。F「煎茶２種飲み比べ」（1,300円）に付くお菓子は、「ほうじ茶ブラマンジェ」など季節によって変わる。

煎茶は、1煎目から3煎目まで、目の前でドリップしてくれるので、まるでショーを観ているかのように楽しみながら時間を過ごすことができる。

1煎目は70度ほどのお湯で、香りと旨みを存分に楽しめるよう、空気を滞留させることのできる卵形の湯呑みを使って頂く。

2煎目は80度と少し熱めのお湯を使い、2煎目独特の〝キレ〟を楽しめるよう、外側に口が広がったカップで淹れてくれる。

最後の3煎目は、そのまま食べてもおいしい「にこまる」という品種の玄米をお茶の上からパラパラとふりかけ、玄米茶としてゆったりと味わう。香ばしい香りが余韻を残しつつ、しっかりと締めてくれる一杯だ。

お茶菓子は、もち米をりんごあんや抹茶あんで包んだ爽やかな味わいの「香るおはぎ」

A 茶筒もおしゃれで、贈り物にも最適。B 店内奥には、茶葉などの販売スペースもある。それぞれのお茶の味がパッケージに記されていて、自分好みの味をわかりやすく探せる。C 家紋をかたどった店のロゴマークがあしらわれた、オリジナルの茶箱もかわいい。

Information

電話	非公開
営業時間	平日 13：00〜20：00（LO19：30） 土・日曜、祝日 11：00〜20：00（LO19：30）
休み	月曜（祝日の場合は翌日）
住所	世田谷区上馬1-34-15
アクセス	東急田園都市線三軒茶屋駅より徒歩7分
HP	http://www.tokyosaryo.jp/

茶室の要素を取り入れつつもモダンなお店。

や、ピスタチオ・いちじく・みかんの皮などの風味が何層にも重なってハーモニーを作り出す「ドライフルーツの羊羹《ようかん》」など。季節によって変わるが、3〜4種から選べる。

カウンターのみの小さなお店だからこそ、お茶をドリップする際の音や香り、そしてお話を直に楽しむことができるのも魅力の一つだろう。ただ「新しいスタイル」というだけではない。ここにはお茶への深い愛と、尋常ではない深いこだわりがひっそりと息づいている。

喫茶スペースは40席。テーブルとテーブルの間も広く取られているので、ゆったりと過ごすことができる。

世界が注目する奈良産の日本茶を
雑貨・洋服に囲まれた空間で

一度は行っておきたいお店 02

SALON GINZA SABOU

サロン ギンザ サボウ

極上かぶせ煎茶「玉響」（1,200円）のほか、煎茶は５種類揃っている。

「かわいい洋服や雑貨を選ぶように、気軽に日本茶を楽しみたい」と常々思っていた。そんな願いを叶えてくれるお店が、銀座駅直結の「東急プラザ銀座」の地下にある。食のあるライフスタイルを提案するセレクトショップ「SALON adam et ropé」の茶房である同店だ。「ファッションと同じくらい食べることが好きな人へ」というコンセプト通り、店内にはおしゃれな洋服や雑貨とともに、厳選された茶葉や茶器などが並べられている。

販売スペースの奥にある「SALON GINZA SABOU」では、カジュアルな雰囲気の中で、銘茶をはじめ、日本各地の厳選した食材を使ったメニューを味わえる。古きよき和と現代の要素を融合した、とっておきの食事やスイーツばかりだ。

A B かぶせ煎茶の「玉響」は飲み終えた後の茶葉もどうぞ。C D E お茶にぴったりなスイーツが目白押し。枡に入った「茶房パフェ～日本庭園風～」（お茶セットで1,500円、写真C）は大人気メニュー。F 軽食としてもおすすめの「井ノ倉 茶漬け」。

ここで飲めるお茶は、奈良・月ヶ瀬の「ティーファーム井ノ倉」のもの。お茶本来の味を引き出すために土壌作りからこだわったという井ノ倉さんのお茶は、優しくて力強い味わい。世界中からラブコールが送られる、知る人ぞ知るお茶だ。

中でも極上かぶせ煎茶「玉響」は、日本の誇るべき優れた地方の名産「The Wonder 500」にも選ばれた逸品。ほかにも、かぶせ煎茶「相生」、かりがね茶「山笑う」、焙煎かりがね茶「春眠」、さらに「和紅茶」「和烏龍茶」まで魅力的なラインアップだ。

かぶせ煎茶をたっぷりとかけて頂く「井ノ倉 茶漬け」もおすすめ。ごはんは幻とされるコシヒカリ「雪ほたか」。細かく刻んだ茶葉と塩を混ぜた茶塩をかければ、あっさりとした優しい味わいとお茶の風味を一緒に楽

C

A

B

A C 安心安全な食材や食器類は、見ているだけでも満たされた気持ちになる。B お茶のネーミングがとてもユニーク。「充実～軽やか」のような言葉でお茶の味わいを表記しているものもあり、お茶に詳しくない人でも、味を想像しながら楽しく選べる。

Information

電話	03-6264-5320
営業時間	11：00～22：00（LO21：00） （テイクアウト7：30～）
休み	東急プラザ銀座に準ずる
住所	中央区銀座5-2-1 東急プラザ銀座B2階
アクセス	東京メトロ銀座線・丸ノ内線・日比谷線・銀座駅より徒歩1分
HP	http://salon.adametrope.com/sabou/

地図はP.58～59

地下鉄の駅直結で便利。テイクアウトもOK。

しめる。スイーツメニューにはすべて「おすすめのお茶」の記載がされているので、日本茶に馴染みのない人でも選びやすい。

販売スペースでは、茶房で使用している茶葉や茶器の購入もできる。「日本のものづくりの技術やこだわりを感じ、いいものを知ってもらいたい、使ってもらいたい」という想いから、使っている器なども日本製のものを中心に扱っているという。

楽しむこと、安らぐこと、味わうこと、想いを馳せること。ここを訪れれば、そんな様々な感覚を一度に味わえるはずだ。

「1899抹茶ビール」（写真左、790円）や日本茶を使ったカクテルなど、お茶のいろいろな楽しみ方を発見できる。

「お茶を食べる」を追究したお店
お茶づくしの贅沢なひとときを

一度は行っておきたいお店 03

RESTAURANT 1899 OCHANOMIZU

レストラン イチハチキュウキュウ オチャノミズ

抹茶・ほうじ茶・紅茶から蜜の味を選べる「1899手作りプリン」（プレーン680円、蜜がけ730円）。

A ほうじ茶にカモミールと温州みかんをブレンドした「うららか」（700円）などのブレンド茶も、カフェタイムにぜひお試しあれ。B 広々とした店内ではディナータイムにはテーブルに茶香炉（ちゃこうろ）が置かれ、お茶を飲む、食べるだけでなく、香りを楽しむこともできる。

「お茶」といえば多くの人が「飲み物」をイメージすると思うが、旬の食材とお茶を使い〝お茶を食す〟――そんなおいしさに出合えるお店がお茶の水にある。1899年創業の「ホテル龍名館お茶の水本店」の1階に店を構えているこのお店だ。ランチ、カフェ、ディナーとそれぞれの時間帯でお茶を用いたあらゆるメニューが楽しめるため、一度訪れたらきっとまた別の時間帯に訪れてみたくなることだろう。

11時〜15時のランチタイムには、ほうじ茶で炊いたごはんに鯛を乗せ、特製の抹茶味噌でさらっと頂く「抹茶味噌の鯛茶漬け」や「週替わりランチ」などの食事メニューを。デザートには濃厚な抹茶を日本酒で仕上げた熟成ケーキやほうじ茶のケーキもおすすめだ。

A 抹茶を練り込んだ緑色の「抹茶ぽてとサラダ」。茶道にも用いられる手水鉢（ちょうずばち）をイメージした盛り付けも美しい。B オリジナルのソーセージなど料理長のこだわりが詰まったお茶料理。C 蒸したお茶の葉をそのまま食べられる「旬魚のカルパッチョ」は、枯山水をイメージ。D 夜の御茶ノ水にひっそりと浮かびあがるお店。外にはテラス席もあり。

14時～16時半のカフェタイムには、茶バリエというお茶のプロが、茶釜で沸かしたお湯で一杯一杯丁寧にお茶を淹れてくれる。宇治抹茶や「あさつゆ」の深蒸し煎茶、「やぶきた」と「さやまかおり」を使用した甘さが印象的な和紅茶など、数種類のお茶を堪能できる。中でも、静岡や宮崎など6産地のお茶をブレンドして仕上げたという「六煎茶」は、その味わいの奥深さとバランスのよさに、思わず顔がほころんでしまう。

ディナータイムには、抹茶やほうじ茶、番茶を使用した日本茶カクテルや、抹茶やほうじ茶のビールなど、お酒のメニューをぜひ味わってほしい。焼酎に抹茶と黒蜜を合わせて茶筅《ちゃせん》で点《た》てた「マティーニ1899」は、飲みやすいけれど、出合ったことのない味わい。思わずドキッ

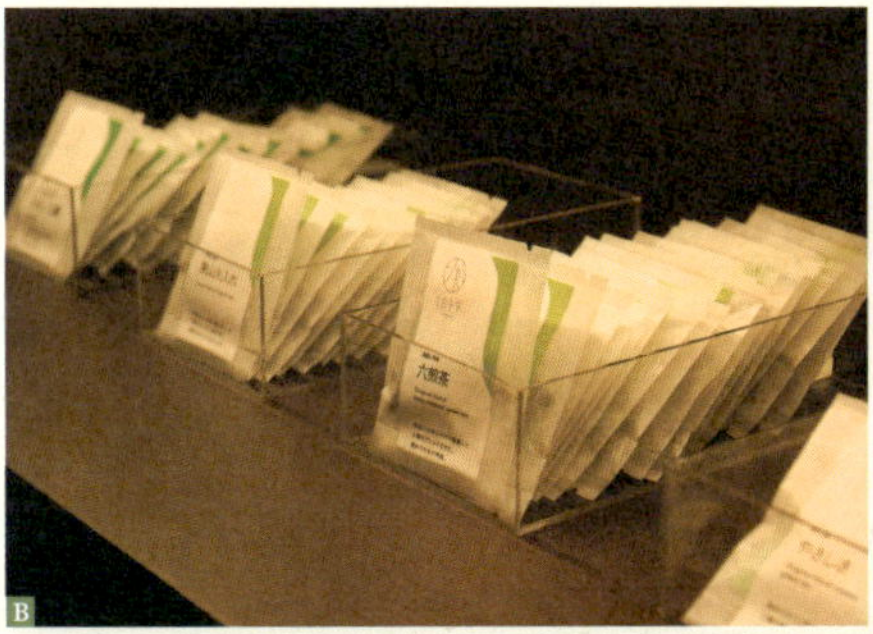

B

C

A 茶香炉から漂うお茶の葉のほのかな香りが、贅沢なひとときを演出してくれる。B C 店内にディスプレイしてある茶葉は購入も可能。飲んで気になったお茶があれば、スタッフの方に聞いてみて。

としてしまうこと間違いなしだ。

　そしてここを訪れたら、料理長の大久保さんが作るお茶料理も食べなきゃソン！　抹茶ソースに野菜を付けて食べる「彩り野菜の茶～ニャカウダ」、茶葉と抹茶がたっぷりの「抹茶コロッケ」など……どれもほのかにお茶の風味を感じられる。

　テーブルの上に料理が並ぶと、日本の美しい景色を観ているかのような気分になる。そんな見た目にも美しいお料理に舌鼓を打ちながら、大切な人と大切な時間を過ごせる、まさに「五感でお茶を楽しめる」お店だ。

Information

48　SALE　SALE

電話	03-3251-1150
営業時間	ランチ 11：00～15：00（LO14：30） カフェ 14：00～16：30（LO16：00） ディナー 17：30～23：00（LO22：00）
休み	無休 ※年数回の設備点検による不定休、貸切日は入店不可
住所	千代田区神田駿河台3-4
アクセス	東京メトロ千代田線新御茶ノ水駅より徒歩1分、JR御茶ノ水駅より徒歩3分
HP	http://www.1899.jp/ochanomizu/

緑色のパラソルが目印。夏には抹茶ビアガーデンも！

洗練された空間に
手作りのあたたかさが宿る

一度は行っておきたいお店 04

artless craft tea & coffee

アートレス クラフト ティー アンド コーヒー

テイクアウトも可能。街歩きのお供にどうぞ。

職人手作りの革のコースターやカップを持ちやすくするスリーブなど、店内にあるもののほとんどがハンドクラフト。

東急・東京メトロ中目黒駅を降りて、高架下を歩く。様々なお店が並ぶ中に、「現代の茶室」のような洗練された空間でありながら、コーヒーと同じようにラフなスタイルでお茶を楽しめる場所がある。国内外で活躍するアートディレクター・川上シュンさんが主宰する「artless Inc.」が手がける同店だ。コンセプトは、今までの堅い日本茶のイメージではなく、現代のライフスタイルに馴染む形で日本茶を提供すること。

店内に入るとシックなカウンターに四角い形に炉《ろ》がきられており、そこに人間国宝・高橋敬典さん制作の茶釜が置かれている。梁をイメージしたモニュメントや窓から入る陽ざしが混ざり合い、モダンと伝統が調和した空間が、ここでしか味わえないお茶の時間を創り出している。

ABC川上さん自身が集めたという急須や茶器を使用して淹れられるお茶（500円〜）。あまり手に入らない珍しい急須なども、実際に使ってお茶を淹れてくれる。DE牛乳で煮出す「ほうじ茶ミルク」は心もあたたまる優しい味。トーストともよく合う。

お茶のメニューは三重県で無農薬有機栽培された「焙じ茶」、京都の「刈番茶」と「玄米茶」。また静岡の農園とコラボしたオリジナルブレンドの「炭火茶」は、炭で燻《いぶ》したというこだわりの緑茶。深い旨みと甘みを感じることができる。

　また、ここでは自宅で飲むときと同じようにお茶を楽しんでもらえるようにと、高い温度のお湯でもおいしく淹れられる茶葉をチョイス。日本茶以外にもコーヒーやクラフトビールがあり、コーヒー＋お茶、ビール＋お茶という組み合わせで楽しむこともできる。お茶もコーヒーも小さな農園のものを使用しているが、その理由は、店名にもある通り〝クラフト〟がキーワード。その土地の風土や人々のぬくもりを感じてほしいという想いが込められている。

B

A

D

C

A 人間国宝・高橋敬典さん制作の茶釜。B 店内の床にはお店を作ったときの工事のメモがそのまま残され、手作りのあたたかみを感じられる。川上さんのサインもあるので、探してみて。C 茶葉やタンブラーなども購入可。D ハニートーストとお茶で至福のひとときを。

Information

10 SALE

電話	03-6434-1345
営業時間	11：00～20：00
休み	不定休
住所	目黒区上目黒2-45-12
アクセス	東急東横線・東京メトロ日比谷線中目黒駅より徒歩7分
HP	http://www.craft-teaandcoffee.com/

地図はP.89

頭上を通る電車の音が心地よく響いている。

ちょっと小腹が空いたときは、「ハニートースト」がおすすめ。オーダーしてから丁寧に焼く厚切りのトーストに、オーガニックの蜂蜜とバターをたっぷりとかけたシンプルなメニューだ。ただし、ただのトーストと思うなかれ。もちもちふわふわな食感と優しい甘さが絶品で、牛乳で煮出す「ほうじ茶ミルク」や緑茶と合わせてちょっと遅めのモーニングにも最適。

店内でゆったり過ごすもよし、街歩きのお供にするもよし。きっと訪れた人の1日をちょっと特別な日にしてくれるだろう。

ランチにも、仕事帰りの軽く一杯にも寄りやすい店内。テイクアウトもOK。

シンプルな最強コンビ
お茶+おにぎりをとことん味わう

一度は行っておきたいお店 05

CHAKAS Japanese tea & Onigiri

チャカス ジャパニーズ ティー アンド オニギリ

店内には座席もあるが、スタンド感覚でテイクアウト利用ができるのも嬉しい。

A店主おすすめの「八女抹茶スムージー」は450円。苦そうな印象だが、野菜や果物の甘さもしっかりと味わえて飲みやすい。栄養不足が気になる人は一度飲んでみてはいかが。B日本人にとっては馴染み深いおにぎりと日本茶。朝や昼のエナジーチャージにも、夜の小腹を満たすのにもおすすめ。

おにぎりとお茶。この王道ともいえる組み合わせにこだわりつくしたお店が、渋谷にある。出勤前にサッと立ち寄ったり、お昼どきに持ち帰っていく人の姿も多く、気軽においしいお茶とおにぎりを楽しめる場所として愛されている。

お茶は日本茶鑑定士の木屋康彦さんによってセレクトされた福岡・八女の煎茶、ほうじ茶、玄米茶、和紅茶、抹茶玄米茶など。注文が入ってから丁寧に急須で淹れてくれる。優しい甘みと旨みを感じられるものが多いので、普段日本茶を飲まない人にもおいしく感じられるはず。

おにぎりは五ツ星お米マイスターが選んだお米を、毎日お店で丁寧に手握りしている。そのため、おにぎりの形が一つ一つ違うのだが、その不揃いさにもあたたかみを感じる。

A夜は「玄米茶割り」（450円）などのお酒も。B11～17時は好きなお茶とおにぎり２個に、玉子焼きやからあげが付く「昼茶セット」がおすすめ。好きなお茶とおにぎり１個にみそ汁が付く「朝茶セット」もあり。Cやぶきたを中心としたブレンドの「煎茶」（290円）は「八女抹茶クッキー」と一緒に。

おにぎりのお米は山形産のひとめぼれを使用。お米の甘みをより引き立てるため、長崎・対馬の焼き塩を使って握り、千葉・新富津の海苔で包み込んでいる。日替わりで常に12種類ほどのおにぎりが並んでいるので、毎日通っても飽きることなく、選ぶ時間も楽しい。

さらに18時半からは「CHAKAS BAR」として、お茶を使ったお酒メニューやほうじ茶や玄米茶を使ったお茶漬けも楽しむことができる。仕事終わりに小腹が空いたら、お茶の香りに癒やされつつ、おなかも満たしてくれそうだ。

店主の染谷さんは、楽天やリクルートを経た後に、この「CHAKAS」を創業したという異色の経歴の持ち主。「都会で働く人たちが少しでも身体を気遣い、ほっとできるものを毎日

A B 近くに大学が多いことから、学生さんはおにぎり1個120円という「おにぎり学割」がある。毎日通ってしまいそう。C セットのテイクアウトも可能なので、持ち帰ってオフィスでランチも◎。D オリジナルのキャラクターが目印。

Information

電話	03-6427-3059
営業時間	平日 CAFE 9:00~18:00 (LO17:45) BAR 18:30~23:00 (LO22:30) 土・日曜、祝日 CAFE 11:00~17:00 (LO16:45)
休み	土・日曜、祝日 (CAFEは不定休、BAR は定休)
住所	渋谷区東1-3-1カミニートビル1階
アクセス	JR・東京メトロ銀座線・半蔵門線・副都心線渋谷駅より徒歩7分
HP	http://chakas.tokyo/

地図はP.74~75

2018年3月には埼玉に大宮店もオープン。

食べてくれたら」という想いから、毎日でも通えるようにとほとんどのメニューをお手頃価格に設定。「抹茶ラテ」や「八女抹茶スムージー」など砂糖を使っていないヘルシーなメニューも多い。野菜や果物をふんだんに使用した「八女抹茶スムージー」は、とても飲みやすくて栄養も満点。イチオシのドリンクだ。

都会にいながらも、田舎で食べるような、素朴だが心まであたたまる懐かしい味。そんな味を求めるなら、ぜひCHAKASへ。心も身体もあたためてくれるはず。

白を基調とした店内。鹿児島の農園の様子をＶＲで見ることもできる。

古くて新しいお茶の魅力を 最新の表現で世界に発信し続ける

一度は行っておきたいお店 06

煎茶堂東京

せんちゃどうとうきょう

お茶の缶（1,900円～／50g）は、独自で決めた色をそれぞれのパッケージに。

古くから、日本人の生活の中に寄り添ってきたお茶。時代の変化とともに、私たちの生活スタイルも変わっていく。これからのお茶を考えたときに、煎茶はどうあるべきだろう。そんなことを熟考し、一つの提案として形にしたのがこのお店だ。

店内に入ると、真ん中に白いカウンターがあり、両サイドの壁にはずらりとお茶が並んでいる。お店では現在25種の、産地や品種の異なるお茶が販売されており、そのすべてが単一農園・単一品種＝シングルオリジンのもの。また、壁かけの冷茶サーバーには毎日6種類の水出し冷茶が用意されているので、自由に味わいを楽しむこともできる。

そしてユニークなのがここで買える缶入りのお茶の葉。個性豊かなお茶の味わいの違いを、難しい文章や言葉ではなく色彩

A ギフト用は白い箱に入れ、お店のロゴが付いたふろしきで包んでくれる。B 大福茶など季節ごとに限定商品も。C D お店の看板商品でもある「透明急須」は3,500円。特別な技術による極厚の樹脂でできているので、熱くならず、落としても割れにくいので使いやすい。

Information

SALE SALE

電話	03-6264-6864
営業時間	11：00～19：00
休み	お盆、年末年始
住所	中央区銀座5-10-10
アクセス	東京メトロ銀座線・丸ノ内線・日比谷線銀座駅より徒歩2分
HP	http://www.senchado.jp/

地図はP.58～59

お店のロゴがプリントされたおしゃれなふろしきがキュート！

で表現し、それぞれのパッケージの色にしている。しかもただイメージで色を決めているというわけではない。独自に開発した数式に、そのお茶の産地の標高や蒸し時間などの情報をあてはめ、算出した色なのだ。だから、好きな色やその日の気分でお茶を選ぶこともできる。

　また、ここだけで買える「貴腐ワインレーズン」や「燻製ピスタチオ」などのお茶菓子も注目。お茶とのペアリングを楽しめて、プレゼントにもぴったり。「古くて新しい。変わるのではなく進化する」。そんなお茶の魅力を教えてくれるお店だ。

収穫時期や畑の位置で異なる味
茶畑に直接訪れたかのような体験を

一度は行っておきたいお店 07

NAKAMURA TEA LIFE STORE

ナカムラ ティー ライフ ストア

ロゴはグラフィックデザイナーだった店長の西形さんが制作。

古民家を改装した店内。古いものから新しい価値を、という想いで、昔の茶箱なども再利用している。

蔵前駅から4分ほど歩いた静かな街並みの中。赤いレンガの建物と藍色ののれんのコントラストが美しいお店が見える。

古民家の土間を改装した店内は、今までのお茶屋さんのイメージとはまったく異なる、秘密基地のような雰囲気。古い木の茶箱を重ねたカウンターに、試飲用の椅子が2脚。棚には掘り起こされたお宝のようにひっそりと、お茶が並べられている。

ここで販売されているお茶は、静岡・藤枝市の山間にある、大正8年から続く小さなお茶農園の4代目・中村倫男さんが手がけたもの。すべて無農薬有機栽培で作られる中村家の茶園は、藤枝市に数カ所点在し、それぞれ個性の異なる畑で育てられた茶葉の違いを楽しむことができるのだ。

ABCD試飲のお茶を淹れてくれるスタッフは全員、静岡県出身。産地のことを知っているからこそ引き出せる味わい。E同じ「Garden NO.1」のお茶でも、栽培方法の違いで値段が異なる（かぶせ茶は3,000円／100g、煎茶は2,500円／100g）。

当然ながら、お茶は農作物。自然の中で人の手によって作られるものだ。しかし普段お茶を飲む人であっても、茶畑まで足を運んだことがある人は少ないだろう。静岡と東京、少し離れているけれど、同店のお茶には、そんな産地との距離を感じさせない工夫がある。

まず、標高の高い山の中腹にある茶畑で育った「Garden NO.1」や、ふもとの川から立ちこめる霧による寒暖差の大きい茶畑で育った「Garden NO.2」など、それぞれの茶畑ごとに商品をラインアップ。そしてそれぞれの商品に、お茶の葉の収穫日、収穫場所などが記載されたシリアルナンバー付きの「品質保証書」を付けている。

さらに、グーグルマップで検索すればその茶畑の場所を写真で見られるように、それぞれの

A 常滑（とこなめ）の急須や有田焼の湯呑みなど、使いやすいものをセレクト。B 8種類の日本茶を30gずつと、茶器やお茶缶がセットになった「ティーライフセット」を買えば、初心者でもすぐに自宅で飲める。C D 店内にはお茶の淹れ方の書かれた黒板など、味わいのあるインテリアも。

Information

電話	03-5843-8744
営業時間	12：00～19：00
休み	月曜
住所	台東区蔵前4-20-4
アクセス	都営地下鉄大江戸線・浅草線蔵前駅より徒歩3分
HP	http://www.tea-nakamura.com/

外観のどこかに、この場所のマップコードが隠れている！

商品にマップコードを記載。だから、一つ一つの商品を農家さんから手渡しされたような、そんな感覚になれるのだ。

すべてのお茶は、カウンターで淹れたてを試飲することができる。同じ品種でも茶畑や摘んだ時期の異なるものを比較できるので、五感を研ぎ澄ませ、自分の好きな味わいを探すというワクワクした時間を過ごせる。

農園の風景やそこでお茶を作る人たちのことを想像しながら、お茶を味わう。まるでお茶と冒険をしているような、そんな時間が流れていく。

SHIGA's BAR
(コラム05「このお店の日本茶メニューに注目!」→P.99)

おちゃらか COREDO室町店
(「茶葉を買っておうちで日本茶カフェ 01」→P.136)

美土代町
錦町河岸
平川門
竹橋駅
神田橋
気象庁前
東京メトロ半蔵門線
東京メトロ東西線
都営三田線
大手町駅
皇居
大手町駅
7
大手門
パレスホテル東京
大手町駅
iiyo!!
内堀通り
大手町駅
東京メトロ千代田線
東京メトロ丸ノ内線
丸の内オアゾ
新丸ビル
和田倉門
東京駅
丸の内ビル
二重橋前駅
皇居外苑
3
KITTE
丸の内
MY PLAZA
馬場先門
日比谷通り
1
新東京ビル
JR横須賀線
東京駅
東京メトロ有楽町線
10
日比谷駅
有楽町駅
東京
ミッドタウン日比谷
有楽町駅

人気の煎茶「嘉木」(1,728円)。お茶メニューにはすべて日替わりのお菓子付き。

廊下には京都の倉庫に眠っていたという趣のあるはかりが。

「買う」「楽しむ」「学ぶ」
3つのアプローチからのお茶体験

東京駅・日本橋 01

一保堂茶舗 東京丸の内店

いっぽどうちゃほ　とうきょうまるのうちてん

「お茶は淹れる人の手によって完成する」。ここを訪れた際に教えてもらったその言葉が、ずっと心に残っている。

　京都に本店を置くお茶の専門店。本店以外では初となる路面店が東京・丸の内にある。店内に一歩入ると、立派な一枚板のカウンターと、和紙や木材を使った和の空間が広がっている。

　このお店は、ただお茶を飲むだけの場所ではなく、お茶を「買う」「楽しむ」「学ぶ」という3つの空間に分けて楽しめるのが特徴だ。店頭では、抹茶や煎茶、ほうじ茶など、一保堂のお茶をスタッフの方と相談しながら「買う」ことができる。

　その横にある喫茶室「嘉木《かぼく》」は、お茶を「楽しむ」ための場所。ここでは「お客さんが急須で淹れることによってお茶は完成する。そのための方法をしっかり

A 抹茶は「雲門の昔」をはじめ濃茶（2,376円）と薄茶（1,944円）から選べる。B 喫茶室「嘉木」の名前は、お茶に関する最古の書物『茶経』から。C 老舗の歴史を感じさせるシックなトーンの店内。D 店頭では茶葉やオリジナル急須を購入できる。試飲も可。

Information

26 SALE SALE

| 電話 | 03-6212-0202
| 営業時間 | 11：00～19：00（LO18：30）
| 休み | 年末年始
| 住所 | 千代田区丸の内3-1-1 丸の内仲通り 国際ビル1階
| アクセス | JR・東京メトロ有楽町線有楽町駅より徒歩5分
| HP | http://www.ippodo-tea.co.jp/

テイクアウトもできるので、仕事の合間にもどうぞ。

伝えたい」という想いで、各テーブルにスタッフが付き、お客さんはコツを教えてもらいながら、自分で急須を使ってお茶を淹れることができる。抹茶・玉露・煎茶・番茶など、それぞれの一番おいしい淹れ方を教えてもらえるのが嬉しい。

さらに、お店の奥には「学ぶ」ためのスペース「ルーム100」があり、定期的に様々なお茶の淹れ方教室を開催。「お茶屋さんが自分たちのお茶をちゃんと伝える」という原点を大切にした、熱い想いに触れることができる空間だ。

1階は「地」、2階は「空」、3階（写真）は「天」と名付けられた空間。3階は主にソファ席。

フロアごとに異なる雰囲気の空間で お茶の新しい組み合わせを味わえる

東京駅・日本橋 02

ZEN茶'fe

ゼンちゃフェ

「抹茶オレンジ」（580円）など変わり種メニューがたくさん。

和と洋というよりは、カントリーやハワイアン。そんな雰囲気の中に、和がアーティスティックに混在している空間。２００１年から日本橋にお店を構えている同店は、１～３階でそれぞれの場の雰囲気が異なる。だからその日の気分によって座る場所を選んで、独特な空間とともにお茶の時間を過ごすことができる。

お茶のメニューは、抹茶ラテやほうじ茶などのスタンダードなものに加え、一風変わったもの。点《た》てた抹茶に差し湯をして飲みやすくした「抹茶アメリカン」や、オレンジジュースの上に濃い抹茶を注いだ「抹茶オレンジ」など。メニューを見ながら、一体どんな味がするのだろうと想像するだけでも思わず楽しくなってしまう。

中でも一度味わってほしいの

A 自家製の甘く煮たあんずとほうじ茶をあわせた「あんずほうじ茶」（580円）。B C 2階奥の畳の席で抹茶を楽しむのも粋。D ほうじ茶や玄米茶、紅茶の味わいが楽しめる「びいどろプリン」（写真左）は同店オリジナル。

Information

65

項目	内容
電話	03-3270-3672
営業時間	平日10：00〜22：00 土・日曜、祝日11：00〜19：00
休み	無休
住所	中央区日本橋室町1-11-2
アクセス	東京メトロ銀座線・半蔵門線三越前駅より徒歩1分、東京メトロ銀座線・東西線・都営地下鉄浅草線日本橋駅より徒歩5分
HP	http://zenchafe.co.jp/

地域によってはデリバリーもできる。

が、カフェインの入っていない〝デカフェ〟のドリンク「玄米珈琲」。鳥取県鹿野町のお米を焙煎して作る、「コーヒーの味わいをした玄米茶」という感じの新しい飲み物だ。あたたかいお茶のほとんどがマグカップで提供されているため、気取らずにお茶を楽しめるのも嬉しい。ランチやスイーツのメニューも豊富なので、お昼どきに訪れてお茶とセットで注文するのも◎。

禅をイメージした店内のオブジェや絵を愛でながら、時間を忘れてゆるやかに過ごしたい日に、ぜひ訪れてほしい。

大正時代を思わせるようなクラシックな雰囲気の店内。窓のステンドグラスから入る光が美しい。

日本茶とコーヒーの共演
オフィス街で贅沢なティータイム

東京駅・日本橋 03

丸の内CAFE会

まるのうちカフェかい

「和と洋の出会い、東京と世界の出会い」がテーマ。お茶やスイーツをカジュアルに楽しめる。

東京の玄関口である東京駅。その駅直結の商業施設「ＫＩＴＴＥ」内に、本格的な日本茶とコーヒーを贅沢にどちらも楽しめる場所がある。お茶の「伊藤園」とコーヒーの「タリーズ」がコラボをしたこのお店だ。

平日は朝7時からオープン。窓から注ぐ朝日を浴びながら、お茶で朝から優雅なモーニングを過ごすのも格別だ。

産地の特徴を楽しめる宇治や鹿児島の「煎茶」、一番茶を使った浅炒りで上品な味わいの「ほうじ茶」などのほか、新茶の季節や夏季には氷出しのお茶も登場。お茶メニューは急須に茶葉とお湯が入った状態で提供されるので、自分で急須を使ってお茶を淹れることもできる。

スイーツも和と洋がミックスされたメニューが多く、煎茶にも

B

C

A

A 日本茶は煎茶、玉露など常時４種（520円～）。もちろん本格的な「ドリップコーヒー」（550円）も味わえる。B 宇治抹茶を贅沢に使った「宇治抹茶ティラミス」など、ケーキやパンケーキといったスイーツも美味。C 一人でも大人数でも過ごせる広々とした店内。

Information

電話	03-3217-2022
営業時間	平日７：00～23：00（LO22:00） 土曜８：00～23：00（LO22:00） 日曜・祝日９：00～22：00（LO21:00） （祝前日は～23：00）
休み	KITTEに準ずる
住所	千代田区丸の内2-7-2 JPタワー KITTE1階
アクセス	JR・東京メトロ丸ノ内線東京駅より徒歩2分
HP	http://www.tullys.co.jp/

雨が降ってもぬれずに行ける丸の内の和モダン喫茶！

コーヒーにも合う。４種のケーキと2種のパンケーキはどれも絶品だ。特に、抹茶を染み込ませたスポンジに小豆と黒蜜、なめらかなチーズクリームのハーモニーがたまらない「宇治抹茶ティラミス」は、1日に50個以上出るという人気メニュー。お茶もスイーツ（宇治抹茶ティラミスを除く）もテイクアウトでき、女子会にもお土産にも最適だ。

和と洋を織り交ぜたメニューとクラシカルな雰囲気の中で、ここが丸の内だということを忘れてしまうような、ゆったりとした時間が過ぎていく。

壁に飾られた豪華な六曲一双の金屏風「洛中洛外図屏風」など、東京の中心にいながら京都の王朝文化を感じられる内装。

高級感あふれる抹茶椀。目で見て触れてみて楽しんでほしい。

茶の湯とフレンチの融合した
懐石料理を気軽に堪能できる

東京駅・日本橋 04

ふれんち茶懐石
京都 福寿園茶寮

東京駅グランルーフ店

ふれんちちゃかいせき きょうと ふくじゅえんさりょう

世界三大料理のフランス料理とお茶の最高峰・宇治茶の出会いをドラマティックに体感できる、唯一無二のお店が東京駅直結ビル内にある。

同店のコンセプトは「宇治茶・茶の湯とフランス料理のコラボレーションによる茶懐石」。茶懐石は、茶席でお茶を出す前に提供される和食のこと。一汁三菜にもとづくコース料理だ。この茶懐石を現代の人にも馴染みやすいスタイルで楽しめるようにと誕生したという。

宇治茶は創業1790年の京都の老舗茶舗「福寿園」によるもの。フランス料理は、本場フランスで腕を磨いた中野鉄也グランシェフが監修している。

コース料理はランチとディナーで内容が異なり、季節ごとに玉露、新茶、玄米茶などからテーマを設け、それをいかし

ＡＢＣディナー「宇治」（7,560円）などのメニューには、コースの締めくくりに客席まで茶釜の乗ったワゴンが運ばれ、そこで抹茶を点（た）ててくれる。お茶は薄茶か濃茶（＋540円）を選べる。茶道経験のない人でも、モダンな空間で茶道を身近に感じることができる。

Information

51　SALE　SALE

電話	03-6268-0290
営業時間	11：00～23：00 ランチタイム 11：00～（LO14：00） ティータイム 14：00～17：00 ディナータイム 17：00～（LO21：00）
休み	東京駅グランルーフに準ずる
住所	千代田区丸の内1-9-1 東京駅グランルーフ3階
アクセス	JR・東京メトロ丸ノ内線東京駅より直結
HP	http://www.tokyo-fukujuen.com/

茶の栄養を余すところなく摂れる「食べるお茶」は、購入も可。

た食事が展開されていく。食前のお茶をはじめ、お茶を使ったソース、「食べるお茶」、お茶のパンやお茶のバターまで、まさにお茶づくし！　中でもランチタイム限定の「テ・マリアージュ」はお茶と料理のマリアージュを楽しめる、お茶好きにはたまらないコースだ。ティータイムには宇治茶とスイーツセットが登場。お茶を使ったカクテルなどのお酒も豊富に揃う。

　茶の湯、日本茶の文化が、懐石料理という壮大な物語の主役として描かれている。そんな特別な空気感を味わえるお店だ。

白と緑を基調にした、ドーム型のゆったりとした喫茶スペース。奥には喫煙席もある。

屋久島のお茶でほっとくつろぐ
ビジネス街のオアシス的存在

東京駅・日本橋 05

茶空楽 神田店

ちゃくうら　かんだてん

屋久島の八万寿茶園の茶葉は、店内でも購入できる。

神田の「グランドセントラルホテル」の1階にあるこのお店。トンネルのような入口を入ると、ビジネスパーソンが一息つけるカジュアルさと、日常の喧噪から少し距離をおけるようなリラックス空間が広がっている。

ホテルの朝食ビュッフェとカフェとが合体した同店では、すべて鹿児島県屋久島のお茶を使用している。おすすめは「茶空楽カテキン茶」。普通の緑茶3杯分にあたる量のカテキンが含まれ、その苦みはまるで飲むサラダのような味わい。仕事の前にグイッと飲めば、シャキッと気合いの入る一杯だ。

そのほかにも玄米茶やほうじ茶、抹茶ラテやコーヒーなど30種類以上のドリンクをはじめ、こだわりのカレーなど、フードメニューも豊富。フードもテイ

B

A

D

C

A緑茶やほうじ茶は、お客さん自身が急須を使って淹れることができる。写真は「HOT緑茶」（390円）。B濃厚な甘みのある屋久島の茶葉は購入可能。C日本茶以外にも有機栽培にこだわった紅茶、コーヒー豆も販売。D苦みはあるけれど飲みやすい「茶空楽カテキン茶」は290円。

Information

32 SALE

- 電話 | 03-5207-7088
- 営業時間 | 平日7：00～17：00（LO16：30）
  土・日曜、祝日7：00～10：30（LO10：00）
- 休み | 無休
- 住所 | 千代田区神田司町2-2 グランドセントラルホテル1階
- アクセス | JR・東京メトロ銀座線神田駅より徒歩3分、東京メトロ丸ノ内線淡路町駅より徒歩3分
- HP | http://chacoola.sakura.ne.jp/

モーニングビュッフェやカレーも大人気。

クアウトできるので、オフィスでもお茶とともに味わえる。

「短い時間でさっと立ち寄れることはもちろん、仕事の合間にくつろげる空間として利用してもらいたい」と語るのは、店長の野村さん。店内奥にはかまくらのようなドーム型のフロアがあり、そこにゆったりとテーブル席が設けられている。間接照明のほのかな明かりに、壁の色はほんのりお茶の緑色。さりげなくも、「場」に対する確かなこだわりが感じられる。そんな空間でお茶を頂けば、張りつめた心もふっと緩むことだろう。

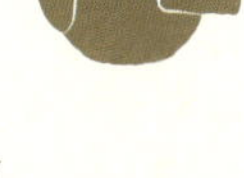

店内で茶農家や茶器に携わる人たちの映像が流れ、お茶や陶器のルーツをうかがい知れる。

緑色の急須は茶殻を集めて焼き、土と混ぜた「お茶の釉薬（ゆうやく）」で彩られたもの。

お茶からスイーツ、茶器まで
“MADE IN JAPAN” にこだわる

東京駅・日本橋 06

日本橋 和の茶 伊藤園

にほんばし わのちゃ いとうえん

日本橋三越本店の地下1階に2017年9月にオープンしたこのお店。店頭ではお茶の葉やスイーツの販売、奥には4席限定のカウンターがあり、楽しいお話を聞きながら、お茶とスイーツを頂ける。

ここで出合えるお茶やスイーツ、茶器はすべて国産のもの。バターなどの調味料や小麦粉など食材に至るまで、国内で作られたものを使用し、急須は長崎の波佐見焼を中心にセレクトしている。カウンターの奥にあるディスプレイには、九州や静岡の茶農家さんや焼き物の職人さんの映像が流れ、手元にあるお茶や陶器への理解を深めることができるのも魅力だ。

様々な種類のお茶があるので、そのときの気分を店員さんに伝えて、飲むお茶を決めるのも楽しいだろう。お茶の味わいの違

B

A

D

C

A「本日のお茶」（お菓子付き864円）は季節ごとにおすすめの茶葉が登場。B茶葉販売スペースでは試飲も可能。C「和の茶ロール」や「和の茶マカロン」など店舗限定スイーツも見逃せない。Dほうじ茶は毎日16時から焙じたてを飲むことができる。

Information

SALE SALE

電話	03-3241-3311（日本橋三越大代表）
営業時間	10：30～19：30（LO19：00）
休み	日本橋三越本店に準ずる
住所	中央区日本橋室町1-4-1日本橋三越本店本館B1階
アクセス	東京メトロ銀座線・半蔵門線三越前駅より徒歩1分、東京メトロ銀座線・東西線・都営地下鉄浅草線日本橋駅より徒歩5分
HP	www.mitsukoshi.co.jp/nihombashi

全国からこだわりの茶葉や茶器が揃う店内。

いを感じてみたいという人には、2種類のお茶を飲み比べできる「利き茶セット」がおすすめ。楽しくお茶を知ることができるので、お茶に詳しくない人でもお茶の魅力を実感できる。

スイーツは茶会席用の抹茶をふんだんに使った「和の茶ロール」や「抹茶ソフトクリーム」など、お茶と合わせて選べる。

ふらっと寄れるのに、訪れるだけでお茶に詳しくなれる場所。産地や農家の人々に思いを馳せながらお茶を頂けば、その奥深さに、探求心もますます広がるはずだ。

A本とお茶はベストコンビ！B煎茶は２煎目も飲めて240円～。普段はコーヒー党の人でも気軽に試せる値段設定が嬉しい。

本に囲まれた空間で
一息つける癒やしのお茶屋

東京駅・日本橋 07

紀伊茶屋 大手町ビル店

きのちゃや　おおてまちビルてん

最上質の京都産抹茶を使用した抹茶ソフトクリームは大人気のメニュー。

大手町のビジネス街にある紀伊國屋書店。その一角に、この街で働く人々がほっと安らげるお茶屋さんがある。コンセント付きのカウンター席や広々としたソファ席もある店内。購入した本を読みながらでも、仕事や打ち合わせをしながらでも利用でき、テイクアウトで楽しむこともできる。

ここでしか飲めない紀伊茶屋オリジナルブレンドをはじめ、煎茶だけでも驚くほどのメニュー数。静岡・掛川の深蒸し茶「さえみどり」や、佐賀・嬉野の蒸し製玉緑茶、最上級の八女星野村の玉露、そして「べにふうき」の緑茶や紅茶などが揃っている。ほとんどのお茶はティーバッグで提供され、1煎目を飲んだ後に差し湯をしてもらい、2煎目までゆっくりと楽しむことができるのも嬉しい。

A店内はWiFiフリー。一服しながらちょっと仕事、という人にぴったり。B抹茶の苦みと小豆あんが相性バツグンな「抹茶ぜんざい」（写真左）と一緒に。C茶葉は購入も可能。「ひとくち羊羹」やランチタイムのお弁当もおすすめ。D本の出版イベントやトークショーも開催。

Information

電話	03-6268-0447
営業時間	10:00~20:00
休み	土・日曜、祝日（土曜のみ紀伊國屋書店に準ずる）
住所	千代田区大手町1-6-1 大手町ビル1階 紀伊國屋書店内
アクセス	東京メトロ丸ノ内線・東西線・千代田線・半蔵門線・都営地下鉄三田線大手町駅より直結
HP	http://kinochaya.co.jp

本と鉄瓶が描かれたロゴマークがキュート。

大手町店ではお茶を使った食事やお弁当も日替わりで頂ける。ほうじ茶の茶葉を2日間ゆっくりと氷出ししたお茶に出汁を混ぜて炊いた「茶葉おにぎり」や、ほうじ茶で炊いたごはんに出汁をかけて頂く「出汁茶漬け」など、どれも人気。さらにプレミアムフライデーの日には、「抹茶ハイボール」や「焼酎ほうじ茶割り」などお酒のメニューも登場するという。

　デスクワークに疲れたら、ふらっと寄ってお茶を頂きながら、本のページを開いてみる。そんなひとときもいいかもしれない。

「煎茶と和菓子セット」は700円。「玉露セット」（800円）のほか、抹茶、ほうじ茶、昆布茶などもある。

江戸っ子のお茶文化を支えた老舗で、各地の銘茶を味わう

東京駅・日本橋 08

山本山 日本橋本店

やまもとやま　にほんばしほんてん

おせんべいのセットは煎茶「長門」と山本山の「のりせんべい」という黄金コンビ。

「山本山」は〝上から読んでも山本山、下から読んでも山本山〟のキャッチコピーで知られる、日本茶と海苔を扱う老舗。江戸期、青製という革命的な製法の煎茶を広めたのも、玉露を開発したのも、同店という由緒あるお茶屋さんだ。そんな山本山の本店が、江戸情緒の残る日本橋にある。

店内に入ると、ゆったりとした心地よい空間が出迎えてくれる。入ってすぐの「おくつろぎ処」は、気軽にお茶と和菓子を頂けるスペースだ。ここでは、「その時、最もおいしいお茶」という日替わりのお茶と日本橋界隈の銘店からセレクトされた和菓子を頂くことができる。

この奥にあるのは、広々としたテーブル席の「喫茶室」。味が濃く香り高い宇治茶中心のブレンド茶、澄んだ香りとコクを

A喫茶室で試して気に入ったお茶は茶葉を購入できる。B D販売用の茶器も揃う。お手頃価格のものもあるので、手に取って確かめてみて。C江戸時代の政治家・岡本花亭が手がけたという木製看板は昭和後期まで店頭で使われていたもの。今は本店のカウンター上に。

Information

電話	03-3281-0010
営業時間	10：00～18：00（LO17：30） （6・7月、11・12月は10：00～19：00）
休み	1月1日
住所	中央区日本橋2-10-2
アクセス	東京メトロ銀座線・東西線日本橋駅より徒歩3分 、JR・東京メトロ丸ノ内線東京駅より徒歩12分
HP	https://www.yamamotoyama.co.jp/

お江戸散歩の休憩には、江戸時代から続く老舗のお茶を。

楽しめる静岡の煎茶、濃厚な味わいと香りの鹿児島・知覧茶と各地のお茶を一度に味わえるのは同店ならでは。飲み比べてお気に入りを見つけてみるのも◎。

お茶とセットのお菓子は「日本橋菓子司 長門」によるこのお店だけのオリジナル。季節ごとに変わるというので、何度でも足を運びたくなってしまう。

そして、隠れた人気メニューは「お茶漬け」だ。同店のお茶や海苔をふんだんに使い、秘伝の抹茶塩をかける、贅沢な一品。2日前までに予約をして、ぜひお試しあれ。

おすすめの「ほうじ茶ラテ」は温冷ともに680円。抹茶や煎茶などもある。

ほうじ茶の優しい香りに
心も体も120％満たされる

東京駅・日本橋 09

自家焙煎ほうじ茶の店 森乃園

じかばいせんほうじちゃのみせ もりのえん

毎日自家焙煎しているほうじ茶。良質な国産茶葉を厳選して使用。

〝ほうじ茶の聖地〟ともいえるお店が、人形町にある。1914年創業の同店では、毎日店頭でほうじ茶を作っており、店内はもちろん、外の通りまで、ほうじ茶のいい香りに満たされている。1階には自家焙煎のほうじ茶がずらりと30種類以上並び、奥の階段を上がった2階がカフェになっている。

1階から立ち上るほうじ茶の香りに包まれて、お冷や代わりに出てくる「極上ほうじ茶」を飲めば、心も身体もほうじ茶一色に。さらに「ほうじ茶パフェ」、「ほうじ茶ラテフロート」など、ほうじ茶をたっぷり使ったメニューも多数。ほうじ茶好きな人にとっては、まさに天国のような場所だ。自宅でもほうじ茶を楽しみたくなったら、1階で買って帰ってもいいだろう。

抹茶のスイーツやあんみつな

A あんやゼリーなどにほうじ茶を使った「ほうじ茶パフェ」は1,080円で頂ける。B 1階の販売スペースには、レモングラスほうじ茶など珍しいタイプのお茶や、ほうじ茶を使ったお菓子などもたくさん並ぶ。C もともと倉庫だった2階を甘味処に改装した。「ほうじ茶ビール」などもおすすめ。

Information

電話	03-3667-2666
営業時間	1階お茶・甘味販売 平日 9:00~19:00 土日祝 11:00~18:00 2階甘味処 平日12:00~18:00 (LO17：00) 土日祝 11:30~18:00 (LO17：00)
休み	年末年始
住所	中央区日本橋人形町2-4-9
アクセス	東京メトロ日比谷線人形町駅より徒歩1分、都営地下鉄浅草線人形町駅より徒歩3分
HP	http://morinoen.jp/

外まで漂うほうじ茶の香りについ足を止めてしまう。

ども豊富だが、同店の人気はやはりほうじ茶のスイーツ。ほうじ茶パフェに、ほうじ茶わらび餅とほうじ茶ぜんざいがセットになった「ほうじ茶尽くしセット」は、ボリュームたっぷりだが、女性一人でペロリと食べてしまう人も多いそう。お酒のメニューももちろんお茶。今では目にすることも多い「ほうじ茶ビール」や「抹茶ビール」も、森乃園では10年前からメニューとして出していたという。

心にも体にも優しいほうじ茶を、まさに五感で堪能できる場所といえそうだ。

B

C

A

A鮮やかな水色のほうじ茎茶「右近の橘」（810円）は香りと味をじっくり味わって。B一番茶の若葉だけで作られた抹茶「松の齢」を贅沢に使用した「抹茶パフェ」。C抹茶や煎茶を混ぜ込んだごはんに、ゆばあんをかけた「じゃこと茶のゆばあんかけチャーハン」など、食事メニューも充実。

京都の「本物の抹茶」による
抹茶スイーツ発祥の味を

東京駅・日本橋 10

林屋新兵衛

はやしやしんべえ

Information

電話	03-6550-8727
営業時間	11:00~23:00（ドリンクはLO22:30、フードはLO22:00）
休み	東京ミッドタウン日比谷に準ずる
住所	千代田区有楽町1-1-2 東京ミッドタウン日比谷 日比谷三井タワー2階
アクセス	東京メトロ日比谷線・千代田線・都営地下鉄三田線日比谷駅より直結、東京メトロ有楽町線有楽町駅より直結
HP	http://www.hayashiya-shinbei.com

日比谷に2018年3月にオープンしたばかりの複合型商業施設「東京ミッドタウン日比谷」。この2階に、創業1753年の「京はやしや」がプロデュースする同店がある。抹茶パフェなど抹茶メニューを先駆けて発案したことでも知られている、京都の老舗茶舗だ。

お茶は京都・宇治の厳選されたものを中心に、目の前で点ててくれる抹茶「天下の昔」などが頂ける。「抹茶パフェ」などのスイーツやフードも一度は食べてほしい絶品ばかり。買い物や仕事帰りにふらりと立ち寄って、本物の抹茶の味を楽しめるお店だ。

COLUMN 01

日本茶アーティストって何をしているの？

この本を書いた私、茂木雅世の肩書きは「日本茶アーティスト」。一体どんな活動をしているのか。その一部をご紹介します。

私が〝日本茶アーティスト〟になったワケ

一杯のお茶を飲んで、涙が止まらなかった。

――それが、日本茶に携わる仕事をしようと思ったきっかけでした。

小さいころから毎日母が淹れてくれていたお茶ですが、ある日、仕事で心身ともに疲れたときに淹れた一杯のお茶があまりにもおいしくて、涙があふれて止まらなかったのです。そのとき、「お茶ってやっぱりいいな。お茶の魅力を伝える仕事がしたい」と思うようになりました。

〝急須で淹れるお茶が創り出す独特の時間と空間〟。そんな目には見えない魅力に、もっとスポットライトをあてたい。お茶を淹れて飲んでもらうことで、ちょっとほっとしてもらいたい。疲れた心をふわっと緩ませてあげられるような、そんな瞬間をお茶で作りたい。そう思って日本茶アーティストという活動をスタートしたのが、2010年ごろでした。

当時、お茶を作る人や売る人、日本茶カフェを開いて伝えている人はいましたが、お店を構えず、〝自分が感じたお茶の魅力を自分なりの表現で形にしたり、発信したりする〟という活動をしている人はあまりいませんでした。肩書きはなんでもよかったのですが、今までにない〝お茶の伝え人〟になれたらという想いから、今となっては少々恥ずかしいですが、〝日本茶アーティスト〟と名乗りはじめたのでした。

人を繋げ、急須で淹れるお茶の魅力を伝える

お茶はあらゆる場所に馴染み、様々な人の心を包み込んでくれます。だからこそ、今まで急須で淹れるお茶の出番がなかった場所で、急須でお茶を淹れることに馴染みのない人に向けて、急須で淹れるお茶の魅力を伝えたい。「お茶ってやっぱりいいね」と若い世代の方々にも思ってもらいたいと、ファッションとコラボしたイベントを企画したり、企業とコラボしてグッズを作ったり、テレビやラジオなどのメディアで発信してきました。

最近では、全国各地、様々なお茶産地の魅力を東京で伝えるため、お茶農家さんにスポットをあてたイベントやトークショーなども企画・開催しています。

〝繋げる。伝える。〟

それが今、私が思う〝日本茶アーティスト〟というものです。お茶を作る人の想い、お茶を売る人の想い、お茶を淹れる人の想い、お茶を仕事にしている人の想い……。そのすべてにリスペクトと大きな愛を込めて――。

微力ながらも、〝お茶を伝える、そんな場を創る〟。そんなことをこれからもしていきたいと思っています。

湘南の浜辺でおこなったイベント「Tea on the beach」。

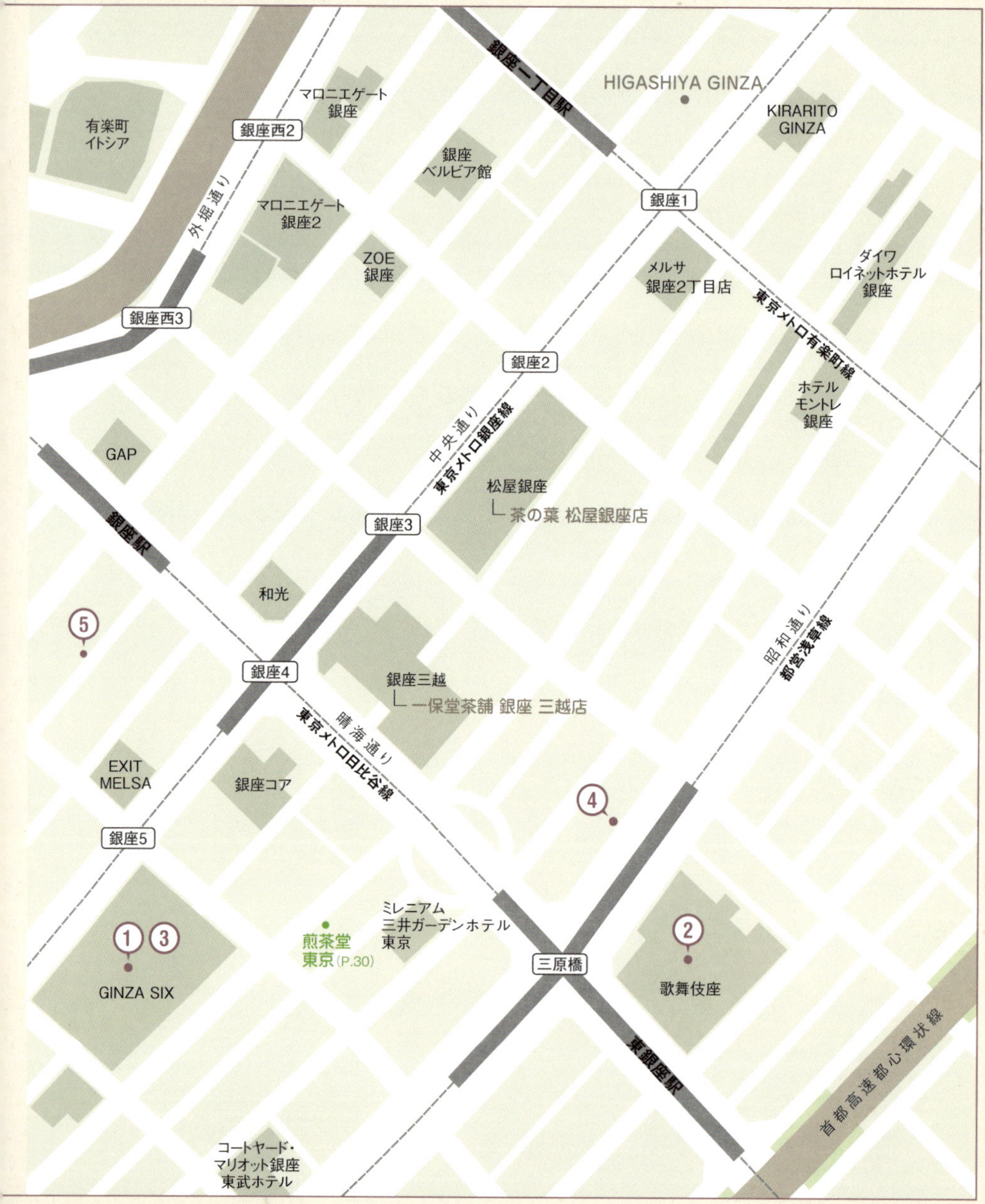
銀座一丁目駅
HIGASHIYA GINZA
マロニエゲート
銀座
有楽町
イトシア
銀座西2
KIRARITO
GINZA
銀座
ベルビア館
銀座1
外堀通り
マロニエゲート
銀座2
ZOE
銀座
ダイワ
ロイネットホテル
銀座
メルサ
銀座2丁目店
銀座西3
東京メトロ有楽町線
銀座2
ホテル
モントレ
銀座
中央通り
東京メトロ銀座線
GAP
松屋銀座
茶の葉 松屋銀座店
銀座駅
銀座3
和光
5
昭和通り
都営浅草線
銀座4
銀座三越
一保堂茶舗 銀座 三越店
晴海通り
東京メトロ日比谷線
EXIT
MELSA
銀座コア
4
銀座5
ミレニアム
三井ガーデンホテル
東京
煎茶堂
東京 (P.30)
1
3
2
三原橋
GINZA SIX
歌舞伎座
東銀座駅
首都高速都心環状線
コートヤード・
マリオット銀座
東武ホテル

01
中村藤吉本店 銀座店
▶P.60

02
寿月堂 銀座 歌舞伎座店
▶P.62

03
辻利 銀座店
▶P.64

04
茶CAFE 竹若
▶P.66

05
うおがし銘茶 茶・銀座
▶P.68

SALON GINZA SABOU
（一度は行っておきたいお店 02 →P.14）

煎茶堂東京
（一度は行っておきたいお店 06 →P.30）

床に敷かれたみかげ石は、昔、京都の本店内にお茶を積んだ荷車が通る道があったことから。

京都・宇治のお茶屋さんの味
そのこだわりが店内あちこちに

銀座 01

中村藤吉本店 銀座店

なかむらとうきちほんてん　ぎんざてん

「別製まるとパフェ」は中村藤吉本店のマークが入っている。

2017年4月に新しくできた商業施設「GINZA SIX」の4階にある、京都・宇治発のお茶屋さん。京都本店にカフェがオープンしてから約16年、待望の東京初出店となるお店だ。大きなのれんをくぐり一歩足を踏み入れると、広々とした店内にところどころお茶の要素が散りばめられている。

たとえば、店内の窓にかかっているすだれ。これは、昔、抹茶に使われる碾茶《てんちゃ》畑にかけていたよしずを、カーテン代わりに使用しているものだ。職人さんの手によって作られたすだれは光の通り方が均一で、店内を美しく照らしてくれる。

お茶メニューには、中村藤吉本店の「お茶らしさ」というコンセプトのもと、煎茶はなるべく覆いをしていない露地栽培の茶葉を使用。煎茶「藤吉」には

A オリジナルブレンドの「中村茶」（700円）は、水出しから高温までそれぞれの味が楽しめる。B 抹茶のアイスが付いた「生茶ゼリイ［深翠］」。C 一番人気の「別製まるとパフェ」は食べ進めるたびに味が変わり、あっという間にペロリ。

Information

55　SALE

電話	03-6264-5168
営業時間	10：30〜20：30（LO19：45）
休み	GINZA SIXに準ずる
住所	中央区銀座6-10-1 GINZA SIX4階
アクセス	東京メトロ銀座線・丸ノ内線・日比谷線銀座駅より徒歩2分
HP	http://www.tokichi.jp/

店頭ではお茶や甘味も購入できる！

京都・童仙房の苦渋みのしっかりした茶葉を使用するなど、どこか懐かしさも感じられるような味わいが楽しめる。

　スイーツにも老舗としてのこだわりが満載。大人気の「別製まるとパフェ」は、パフェのためだけに開発された抹茶アイスをはじめ、抹茶の生クリームや抹茶あん、抹茶ゼリーなど、一つ一つの素材にお茶を感じてもらうための秘密が隠れている。

　触れるものすべてが厳選された空間の中で、ちょっと特別なお茶の時間をゆったりと楽しんでみてほしい。

竹に囲まれて静かな空気の流れる店内で、心からほっと一休み。庭園風景も素敵。

設計はパリ店も手がけた建築家の隈研吾さん。禅の世界をイメージしているそう。

日本庭園を眺めながら
お茶のフルコースを体験できる

銀座 02

寿月堂 銀座 歌舞伎座店

じゅげつどう　ぎんざ かぶきざてん

1854年創業の丸山海苔店が手がける同店は、銀座・歌舞伎座タワーの中にある。海苔と同じく、昔から日本の食卓に並んでいたお茶。日本文化の美しさを、茶禅の精神をもとに伝えていこうと、日本茶専門店を始めたという。店内は竹に囲まれたテーブル席。奥には美しい日本庭園が広がっている。

メニューは抹茶・玉露・煎茶・ほうじ茶のセットなどが揃い、お菓子は数種類から選べる。旨みの多い煎茶からコクが強く香ばしいほうじ茶まで、個性のあるお茶と出合うことができる。

店内で毎日1回焼き上げる「とろーり濃厚フォンダン抹茶マフィン」は、ふわふわのマフィンと熱々の抹茶チョコレートの、なんとも贅沢な味わいだ。

そのほか、お茶漬けやおにぎりなど、おいしい海苔を使ったメ

B

A

D

C

A「日本茶体感コース」（3,200円）では玉露や抹茶、ほうじ茶などを様々な形で楽しめる（要予約）。フィナンシェと組み合わせた冷茶にはじまり、淹れるごとに変わる玉露の旨みを体験（B）。抹茶をカプチーノ風に味わい（C）、最後は茶香炉で焙じたほうじ茶を飲む（D）。

Information

43 SALE SALE

電話	03-6278-7626
営業時間	店舗 10：00～18：30 喫茶 10：00～18：30（LO18：00）
休み	無休
住所	中央区銀座4-12-15 歌舞伎座タワー5階
アクセス	東京メトロ日比谷線・都営地下鉄浅草線東銀座駅より直結、東京メトロ銀座線・丸ノ内線・日比谷線銀座駅より徒歩10分
HP	http://www.maruyamanori.com/

国産バター100%の「抹茶フィナンシェ」はお土産にも好評。

ニューも充実。ほとんどの食事やスイーツには、ほうじ茶か芽茶が付いてくる。

そして、ぜひ試してもらいたいのが「日本茶体感コース」。季節のお菓子の後に、玉露を1煎目・2煎目と飲み比べ、その茶葉を食べてから、茶香炉《ちゃこうろ》を使ってのほうじ茶作り。本格的なお抹茶とお菓子を頂き、最後にほうじ茶とあられでほっと落ち着かせる……という、まさにお茶のフルコースだ。竹に囲まれた凜とした空間でお茶を頂けば、都会の真ん中にいることをすっかり忘れてしまうだろう。

GINZA SIXの地下2階にある同店。店頭では茶葉やお持ち帰りスイーツの販売も。

お茶の老舗で抹茶の新しい魅力を発見しよう

銀座 03

辻利 銀座店

つじり　ぎんざみせ

定番の「辻利ソフト 抹茶」は520円。宇治抹茶とミルクのコクが濃厚な味わい。

京都のお土産としても人気の、創業1860年、京都・宇治の老舗「辻利」。その関東初出店となった同店は、お茶やスイーツの販売スペースと、ドリンクやソフトクリームをテイクアウトできるカフェスタンドが併設されている。

コンセプトは「抹茶の新感覚体験」。お茶の専門店として150余年という歴史と伝統、そこにモダンを融合したスイーツの数々が並ぶ。

中でもおすすめは、銀座店限定の「辻利ソフト 銀座パルフェ」。辻利の高級宇治抹茶を使用した濃い茶ソフトクリームに、八つ橋や辻利のわらび餅などが豪華にトッピングされている。もちろん「宇治煎茶」や「宇治抹茶グリーンティー」といったドリンクもあるので、冷たいスイーツと一緒にあたたかい飲

B

A

D

C

A「宇治煎茶」（320円）は旨みのある豊かな味わい。ぜひお試しあれ。B「京濃い茶ガトー TSUJIRI」は銀座店限定。販売スペースでも購入できる。C「辻利ソフト 銀座パルフェ」などスイーツも豊富。D「京ラテ®濃い茶」（490円）はHOT（写真右）とICE（写真左）が選べる。

Information

電話	03-6263-9988
営業時間	10：30～20：30
休み	GINZA SIXに準ずる
住所	中央区銀座6-10-1 GINZA SIX B2階
アクセス	東京メトロ銀座線・丸ノ内線・日比谷線銀座駅より徒歩2分
HP	http://www.tsujiri.jp/

ドリンクやスイーツ片手に銀座をぶらぶらしてみては。

み物を味わうのも格別だ。

そのほか、「京ラテ®スムージー」は、牛乳と氷を混ぜた抹茶スムージーに口あたりの軽いエスプーマの甘さが絶妙にマッチ。店頭で購入できる「京濃い茶ガトーTSUJIRI」は、抹茶たっぷりのチョコクリームが贅沢なコクをかもし出し、「抹茶っていいな」と感じることができる。

抹茶を使ったスイーツやドリンクは今となっては珍しくないが、だからこそ改めて老舗の抹茶スイーツをぜひ味わってみてほしい。きっとお茶のおいしさを再発見できるはずだ！

高い天井で開放感にあふれている店内。1階、中2階、2階とそれぞれ雰囲気が異なる。

アンティークな時計が落ち着いた空間作りに一役買っている。

歌舞伎観劇の後はお茶を一杯
日本文化を味わえる場所

銀座 04

茶CAFE 竹若

ちゃカフェ　たけわか

日本伝統芸能の観劇場である歌舞伎座。その向かいにあるホテル1階にお店を構える同店は、和と洋がほどよくまじり合った和モダンな空間だ。お茶の産地としても有名な福岡・八女の星野民芸の時計や囲炉裏付きのテーブルが品よく置かれている。中2階には開放感たっぷりのカウンターがあり、茶釜から湯気が上へと白く細い線を描いている。

　お茶のメニューは抹茶や玉露、煎茶、深蒸し煎茶、ほうじ茶など種類豊富。煎茶「こまかげ」は島根のお茶問屋さんから仕入れたもの。深蒸し煎茶「おおかめ」は静岡・菊川、玉露は八女と産地も様々。セットに付いてくる「本日の和菓子」は広島の和菓子屋さんから取り寄せており、季節ごとに変わるため、毎回違った楽しみ方ができそうだ。

A 枯山水をイメージした「枯山水ティラミス」は煎茶とセットで1,330円。マスカルポーネを使ったふわふわクリームとスポンジのハーモニーが絶妙。B 星野村・星野民芸の囲炉裏付き八角炉テーブルは人気席。C 茶葉・菓子・抹茶碗などは店内で購入可能。

Information

44 SALE SALE

電話	03-6264-7585
営業時間	11：00～22：00（LO21:00）
休み	無休
住所	中央区銀座4-10-5 東急ステイ銀座1階
アクセス	東京メトロ日比谷線・都営地下鉄浅草線東銀座駅より徒歩1分、東京メトロ銀座線・丸ノ内線・日比谷線銀座駅より徒歩5分
HP	http://www.takewaka.co.jp/chacafe/

歌舞伎座すぐなので、観劇に合わせてもいいかも。

お茶のほかに、ぜひおすすめしたいメニューが「鯛煎茶漬け」。ごまだれであえた鯛をごはんの上に乗せて、出汁ではなく深蒸し茶をかけて頂く。濃厚なごまだれに深蒸し茶が混ざり、あっさりとした味わいだ。また、玉露ハイや深蒸し煎茶ハイ、玄米茶ビールなど、気になるお酒のメニューもたくさん。

歌舞伎座で上演される演目の合間や終演後の休憩に利用するという人も多いという。一人はもちろん、家族や友人とも気軽に訪れて、贅沢な時間を味わえる場所だ。

A 大きな窓のある２階喫茶室。B ほとんどの茶器は、お茶に合うように作家さんに依頼したオリジナルのもの。

普段使いできるお茶をお手軽に
2階のお茶イベントにも注目

銀座エリア 05

うおがし銘茶 茶・銀座

うおがしめいちゃ ちゃ・ぎんざ

試飲で頂ける「本日のお茶」はエスプレッソカップで。

東京の台所・築地市場にもお店を持つ、１９３１年創業の老舗茶屋の銀座店。お茶好きの人なら一度は訪れたことがあるかもしれない。伝統の芯をぶらすことなく、しなやかに紡いでいる場所だ。

1階に入るとシックなバーのようなカウンターが出迎えてくれる。訪れる人にはまずエスプレッソカップで「本日のお茶」を頂けるので、お買い物の合間にほっと一息つくこともできる。販売専門の1階奥には、2階喫茶室への階段がある。上がった先には、フロアをぐるりと木のベンチに囲まれた空間が広がっている。ここでは、期間ごとにテーマに沿ってセレクトされたお茶数種類とお菓子を頂くことができるのだ。

「畑から茶碗まで」をモットーにしたこのお店では、静岡にあ

C

A

B

A 玉露などテーマに沿ったお茶を楽しめるイベントが開催されている。内容は定期的に変わるので、ホームページをチェックしてみて。
B C 1階ではカラフルな三角パックの「茶 ちゃ CHA」（1箱864円）など、同店のこだわりのお茶を購入できる。

Information

16 SALE SALE

電話	03-3571-1211
営業時間	11：00～18：00（LO17：00）
休み	日・月曜
住所	中央区銀座5-5-6
アクセス	東京メトロ銀座線・丸ノ内線・日比谷線銀座駅より徒歩1分
HP	https://www.uogashi-meicha.co.jp/

銀座駅B3出口を出て右手すぐ。緑色ののれんが目印。

る自園の畑の茶葉を自社工場で製造し、提供している。煎茶は淹れる温度に気を使うといわれるが、同店のお茶は熱めのお湯でも簡単においしく淹れられるという。どんな食事にも合い、何杯でも飲める、日常使いできるお茶なのだ。お茶うけのお菓子もそのときのお茶の魅力を引き立てるものを、全国から厳選して取り寄せている。

縁側に座っているかのようにお茶を頂くスタイルだからこそ生まれる、会話や出会いもあることだろう。毎日に寄り添ってくれるお茶が、ここにはある。

COLUMN 02

まずは基本をおさえよう 日本茶のあれこれ

日本茶とは日本で作られたお茶のこと。そのほとんどは緑茶で、製法や栽培方法により豊富な種類があります。

I

お茶の種類

実は、緑茶も紅茶も中国茶も同じ
「チャ」の木から作られます。製法によって異なるのです。

チャ

発酵茶
（紅茶）

半発酵茶
（中国茶）

不発酵茶
（緑茶）

A バランスのよい一般的なお茶

煎茶

標準的な蒸し時間で製法し、旨みと渋みのバランスがとれたお茶（普通煎茶）。

● **深蒸し茶**
普通煎茶に比べ生葉の蒸し時間を2〜3倍長くして製造。水色が濃い。

● **浅蒸し茶**
標準より蒸し時間の短い、さらりとした飲み口のお茶。水色は黄金色。

● **釜炒り茶**
生葉を釜で炒って製造。渋みが少なく、香ばしい香りとすっきりした味わい。

B 特殊な栽培方法で作られたお茶

玉露

一番茶の新芽が出はじめたころ、日光を遮って栽培する。旨みが強くなり、苦渋みは少ない。高級茶としても有名。

抹茶

「碾《てん》茶」を茶臼で挽いて微粉末にしたもの。茶筅《ちゃせん》でかくはんして飲むほか、お菓子や料理にも活用される。

C A・Bの工程で生まれるお茶

茎茶
新芽の茎や若枝などを混ぜて作られたお茶。棒茶ともいう。玉露や高級煎茶の茎は「かりがね」と呼ばれる。

粉茶
玉露や煎茶の仕上げ工程で選別された細かい粉をもとにしたお茶。

芽茶
煎茶や玉露を作る際に出てきた芽や葉の先端などを集めたお茶。

番茶
煎茶の製造工程で取り除かれる、硬い葉や茎を使用して作られるお茶。

D 再加工したアレンジ茶

玄米茶

主に番茶や煎茶などに、炒った玄米をほぼ同量の割合で加えたお茶。カフェインが少ない。

ほうじ茶

下級の煎茶や番茶などを強火で焙じて作るお茶。香ばしい香りが特徴。

フレーバー茶
日本茶をベースに、ハーブやフルーツなどをブレンド。組み合わせにより香りや味わいは無限大に広がる。

II

日本茶の品種

お米のササニシキやコシヒカリといった品種のように、日本茶にも
様々な味わいの品種が存在します。その個性をぜひ味わってみて。

すっきりとした
苦みが特徴

ゆたかみどり

あさつゆから生まれた品種。やぶきたに続いて、日本全国規模で作られているが、9割以上は鹿児島で生産されている。濃い緑色とほろ苦い味わいが特徴で、煎茶として飲まれている。

玉露に近い
深い旨みと濃い緑色

あさつゆ

宇治種から生まれた品種で、煎茶用だが、玉露に似た旨みと濃い水色が出ることから、「天然玉露」とも呼ばれる。熱湯でも苦みが出にくい。鹿児島が代表的な産地。

日本茶の
代名詞的存在

やぶきた

明治から大正時代にかけて静岡で生まれた品種。霜に強く、育てやすい。今は日本全国で生産されており、日本茶の大半がこの品種といっても過言ではない。甘みのある濃厚な味わいと香りが特徴。

ほかにも……

べにふうき

アッサム系のべにほまれとインドの品種を交配した品種。1995年に品種登録され、日本ではじめての紅茶・半発酵茶兼用のお茶。

さやまかおり

やぶきたから生まれた、その名の通り埼玉生まれの品種。香りに特徴があることから、この名が付いたといわれる。

サンルージュ

ポリフェノールの一種・アントシアニンを多く含む品種。レモン汁などをかけて酸性にすると、水色がピンク色に変化する。

クセが少なく
ブレンド向き

おくみどり

やぶきたと静岡の在来種をかけ合わせて誕生した品種。濃い深緑色の水色で、すっきりとした香味と強い旨みが特徴。

いち早い新茶として
重宝される

さえみどり

やぶきたと、あさつゆの交配種。やぶきたよりも摘み取り時期が早いため、新茶の出荷も早い。透き通った美しい緑色の新葉からこの名が付いた。鹿児島や宮崎で多く栽培されている。

茶葉写真提供：世界のお茶専門店 ルピシア

COLUMN 03

産地ごとに飲み比べ！

日本のお茶MAP

日本各地で様々なお茶が作られています。産地によって味わいも変わるので、いろいろ試してみても楽しいです。

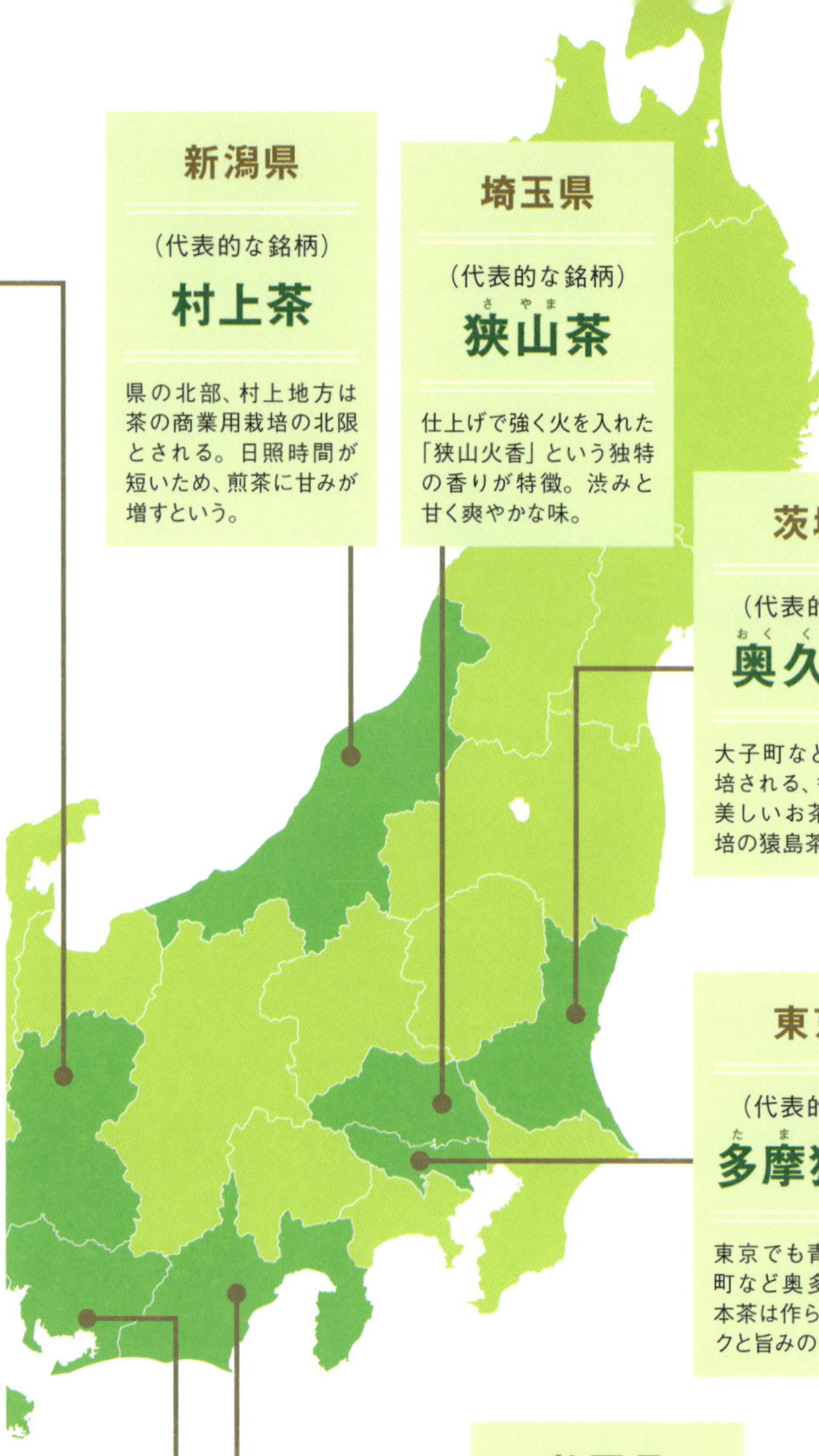

新潟県

（代表的な銘柄）

村上茶

県の北部、村上地方は茶の商業用栽培の北限とされる。日照時間が短いため、煎茶に甘みが増すという。

埼玉県

（代表的な銘柄）

狭《さ》山《やま》茶

仕上げで強く火を入れた「狭山火香」という独特の香りが特徴。渋みと甘く爽やかな味。

茨城県

（代表的な銘柄）

奥《おく》久《く》慈《じ》茶

大子町など山間地で栽培される、香り高く色の美しいお茶。平坦地栽培の猿島茶も有名。

東京都

（代表的な銘柄）

多《た》摩《ま》狭《さ》山《やま》茶

東京でも青梅市や瑞穂町など奥多摩地域で日本茶は作られている。コクと旨みのある味。

静岡県

（代表的な銘柄）

静岡茶

お茶の栽培に適した自然環境をいかし、本山・天竜・川根・掛川茶など、銘茶がたくさんある。

愛知県

（代表的な銘柄）

西尾茶

西尾市吉良町を中心として生産される西尾茶のほとんどが碾（てん）茶で、高い生産量を誇る。

福岡県

（代表的な銘柄）

八女《やめ》茶

県南部の八女地方を中心とした煎茶の産地。星野村などの山間部では玉露が生産される。

岡山県

（代表的な銘柄）

美作《みまさか》番茶

夏に枝ごと刈ったお茶の葉を、鉄釜で蒸すようにして作られる伝統的な微発酵の番茶。

岐阜県

（代表的な銘柄）

白川茶

奥美濃の山間、白川沿いを産地とする。爽やかな香味と甘みが特徴の煎茶。

鹿児島県

（代表的な銘柄）

知覧《ちらん》茶

温暖な気候で作られ、4月上旬から新茶の摘み取りがはじまる。

島根県

（代表的な銘柄）

出雲茶

中山間地域を中心に栽培。出雲松江藩藩主・茶人の松平不昧（ふまい）の影響か、県民の消費量が多い。

京都府

（代表的な銘柄）

宇治茶

明恵上人が栄西から贈られたチャの種を高山寺にまいたのがはじまりとされる。現在も煎茶や抹茶、玉露などの産地として有名。

佐賀県

（代表的な銘柄）

嬉野《うれしの》茶

平安時代、栄西禅師が脊振山（せふりさん）にチャの種子をまいたのがはじまりとされる、歴史ある産地。

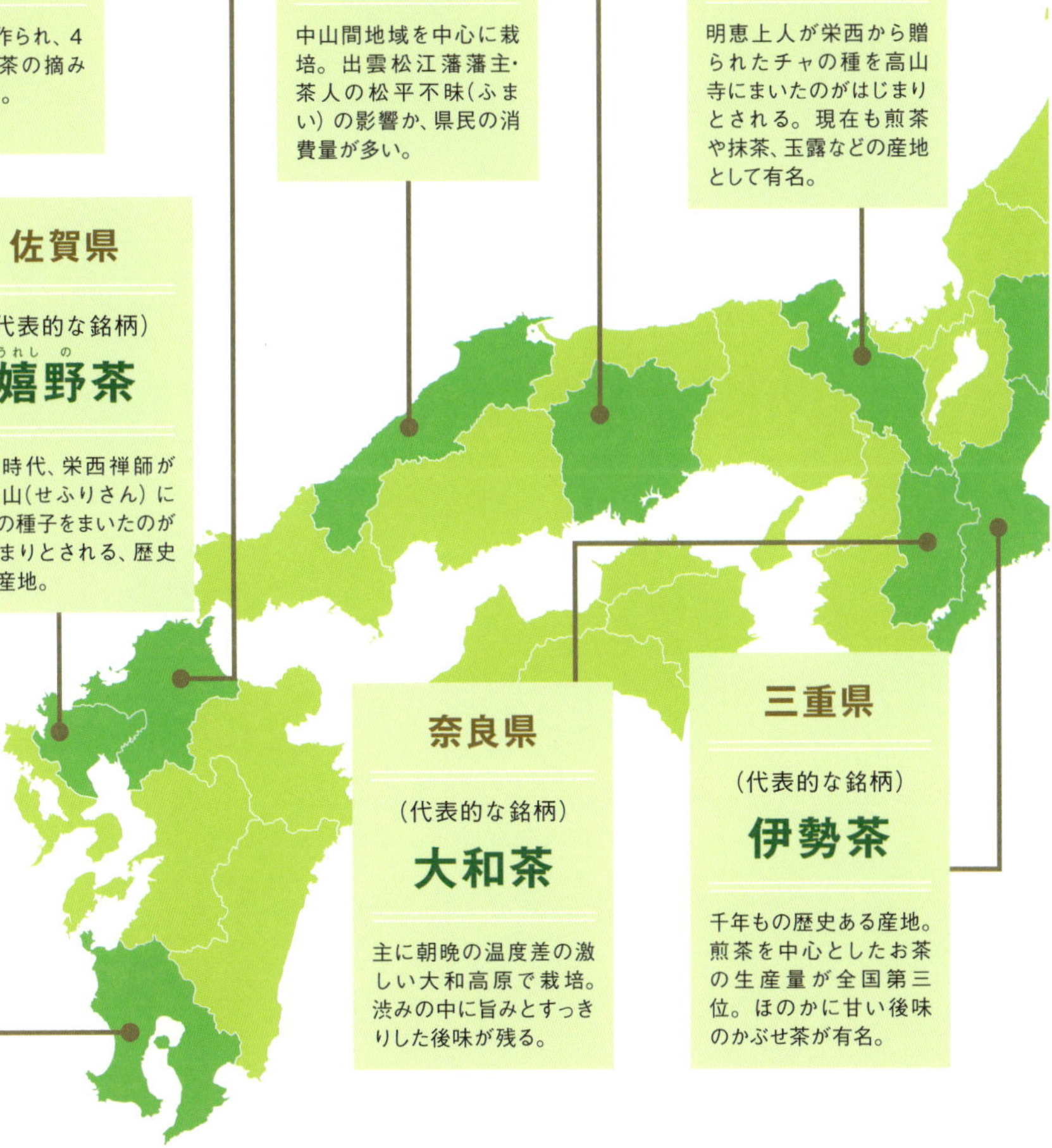

奈良県

（代表的な銘柄）

大和茶

主に朝晩の温度差の激しい大和高原で栽培。渋みの中に旨みとすっきりした後味が残る。

三重県

（代表的な銘柄）

伊勢茶

千年もの歴史ある産地。煎茶を中心としたお茶の生産量が全国第三位。ほのかに甘い後味のかぶせ茶が有名。

神宮前1
原宿
警察署
東郷神社
東京メトロ副都心線
竹下口
ラフォーレ
原宿
東急
プラザ
明治公園
ホテル
アラマンダ
青山
赤坂消防署入口
ワタリウム美術館
外苑前駅
外苑前
3
青山小
外苑西通り
成城石井
青山公園
南青山3
2
ピーコックストア
青山通り
神宮前小
表参道
ヒルズ
表参道
善光寺
1
オーク
表参道
表参道駅
東京メトロ千代田線
ラ・ポルト青山
ALFRED TEA ROOM
青山店(P.100)
Ao
スパイラル
櫻井焙茶研究所
青南小
南青山5
根津美術館前
国連大学
小原流
会館
根津美術館
東京メトロ半蔵門線
東京メトロ銀座線
骨董通り
仙寿院
神宮前2
千駄谷小
青山学院大
外苑西通り
4
6
明治通り
東京メトロ副都心線
六本木通り
首都高速渋谷線
神宮前3
神宮前1
外苑前駅
N
0
200m
CHAKAS Japanese tea & Onigiri
(P.26)

01
表参道 茶茶の間
▶P.76

02
宇治園 裏参道ガーデン店
▶P.78

03
Te'sala
▶P.80

04
ななや 青山店
▶P.82

05
茶庭 然花抄院
渋谷ヒカリエShinQs店

▶P.84

06
和紅茶の店 かえるかふぇ
▶P.86

CHAKAS Japanese tea & Onigiri
(一度は行っておきたいお店 05 →P.26)

ALFRED TEA ROOM 青山本店
(コラム05「このお店の日本茶メニューに注目!」→P.100)

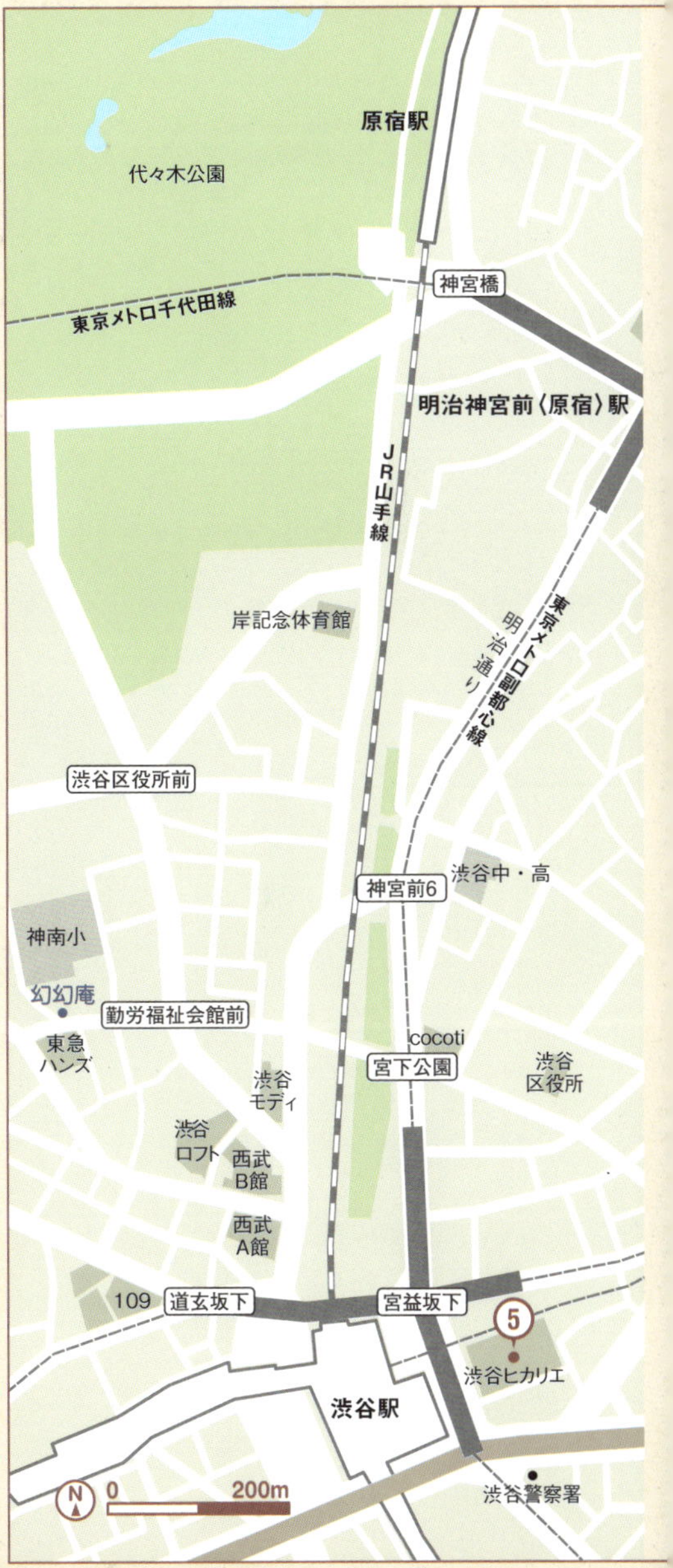

「秋津島」(1,728円)。旨みと香りが高い１煎目は口の広い小さな湯呑みで、３煎目は甘みが増す氷水出しで、と煎ごとに変わる味わいを５煎まで楽しめる。

店長の日本茶ソムリエ・和多田さんがセレクトする煎茶やほうじ茶が頂ける。

いわずと知れた日本茶のお店
人生が変わる一杯に出合える

渋谷・表参道 01

表参道 茶茶の間

おもてさんどう ちゃちゃのま

多くのお茶好きに愛されているお店「茶茶の間」。それぞれのお茶の特徴を楽しむことができる単一品種の、いわゆる「シングルオリジン」の味わいを、まだその名前さえ知る人の少ない2005年オープン当時から注目し、独自のスタイルで提供してきた、いわば先駆け的存在のお店だ。

ここでは、作り手の想いがつまった煎茶を頂ける。一つ一つのお茶がどこでどのように育ったのか、どんな個性を持っていて、どんな味わいがするのか。メニューに丁寧に記載されているので、読んでいるだけでもお茶に詳しくなれそうだ。

中でも多くの人がラブコールを送るお茶が静岡の「秋津島」。私たちが日常で飲むお茶のほとんどが「やぶきた」という品種のものだが、これはそのやぶき

A「茶茶パフェ　まっちゃ」などのスイーツや軽食もあり。B１煎、２煎と煎を重ねるたびに変わる茶葉の様子を感じながら、味わいと香りを楽しんで。C明るい店内。近年では「本当においしいお茶を飲みたい」と訪れる若い人も増え、新しいティーカルチャーが生まれつつあるという。

Information

20　SALE　SALE

電話	03-5468-8846
営業時間	11：00〜19：00（LO18：00）
休み	月曜（祝日の場合は翌日）、第2火曜（祝日の場合は第3火曜）
住所	渋谷区神宮前5-13-14
アクセス	東京メトロ千代田線・副都心線明治神宮前〈原宿〉駅より徒歩5分、東京メトロ銀座線・千代田線・半蔵門線表参道駅より徒歩7分
HP	http://chachanoma.com/

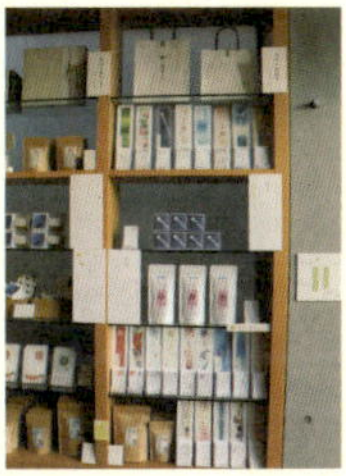

キュートなオリジナルパッケージの茶葉が30種類以上。

たの最高峰ともいえるお茶だ。

標高８００ｍの高地にある茶畑で栽培された新芽を手摘みし、その特徴を最大限いかすように丁寧に作られている。洗練された上質な旨みと甘み、そして渋みのバランスも絶妙。一口飲んだら、お茶の魅力にとり憑かれてしまうかもしれない。

このお店のお茶を飲んだことで、お茶に携わる仕事をはじめた人も多いという。まさに運命の一杯と出合える場所。一杯飲んで目を閉じれば、お茶の育った茶畑の風景が浮かんでくる――そんな体験ができる場所だ。

A 屋外のテーブルや椅子は裏参道ガーデンの共有スペース。B「抹茶パフェ」（写真左）と「ほうじ茶パフェ」（写真右）。

「宇治抹茶」（650円）をオーダーすると自分で抹茶を点てることもできる。

老舗茶屋の古民家カフェ
カジュアルにお茶を淹れられる

渋谷・表参道 02

宇治園　裏参道ガーデン店

うじえん　うらさんどうガーデンてん

表参道の喧騒から一歩入った住宅街にある、古民家をリノベーションした「裏参道ガーデン」。日本の食と文化をテーマにした場所で、2階にはギャラリー、1階には飲食店がいくつか並んでいる。そのうちの1店が京都・山城で1869年に創業した同店の東京店だ。

ここでは頼んだお茶をお客さん自身で急須を使って淹れることができるので、ただお茶を飲むだけでは得られない時間を過ごすことができる。

お茶は、爽やかなのにコクと甘みを存分に味わうことができる深蒸し煎茶「小佳女（おかめ）」と、上品な香ばしさが特徴のほうじ茶「火男（ひょっとこ）」の2種類から選べる。宇治の抹茶も作法を気にすることなく、カジュアルスタイルで点てられるのが嬉しい。

B

A

D

C

A「深蒸し煎茶　小佳女」（600円）は、パフェなどに＋300円でセット可。Bパティシエ手作りの「抹茶ティラミス」セット。「ほうじ茶ティラミス」やパフェもある。C広々とした空間で思い思いのひとときを過ごせる。D１階共有スペースの対面式カウンターが「宇治園」のエリア。

Information

22 SALE SALE

電話	非公開
営業時間	平日12：00〜19：00（LO18：30） 土・日曜、祝日11：00〜19：00（LO18：30）
休み	月曜（祝日を除く）
住所	渋谷区神宮前4-15-2 1階 壱番
アクセス	東京メトロ銀座線・千代田線・半蔵門線 表参道駅より徒歩6分
HP	https://www.uji-en.co.jp/

古いアパートをリノベーション。ぶらりと立ち寄りやすい。

お茶と合わせて注文してほしいのが「おいり抹茶ソフト〜お濃い抹茶〜」。クッキー生地でできた器に、たっぷりと乗せられた抹茶ソフト。その上に「おいり」というまんまるでカラフルな香川のお米の名菓が飾り付けられている、見た目にもかわいらしい一品だ。そのほかパティシエ手作りの「ほうじ茶ティラミス」やパフェなどもあり、抹茶とほうじ茶の生ショコラは、お土産にも大人気！

都会の真ん中でふっと肩の力を抜きながら、お茶との出合いを楽しみたい日におすすめだ。

カウンターには、店主・濱本さんのお父様が集めたという素敵な急須がずらり。

実は紅茶にもこだわりが。店主厳選の茶葉は日本茶も紅茶も購入できる。

都会の真ん中にある隠れ家
信頼できる茶園のお茶を厳選

渋谷・表参道 03

Te’sala

テサラ

高層ビルに囲まれた外苑前にある、隠れ家のようなビルの1階。店名「Te’sala」の「Te」はお茶（Tea）、「sala」はサロンという意味の造語だそう。名前の通り、扉を開けると訪れた人が気兼ねなく過ごすことのできる空間が広がっている。心地いい音楽が流れる店内には、カウンターと座敷の席。アットホームな雰囲気の中で、本格的なお茶と手作りのランチやスイーツを味わうことができる。

「自分がおいしいと思うものを、信頼できる人から取り寄せて提供したい」と語るのは、店主の濱本さん。緑茶は福岡・八女のくま園さんから、ほうじ茶は築地のお茶屋さんから、紅茶は東京・府中の紅茶専門店から直接買い付けているそう。

特に「八十八夜摘みやぶきた」は、お茶の味・香り・栄養が最

A 福岡県八女産「八十八夜摘みやぶきた」セット（1,100円）をはじめ、煎茶は３種揃う。お菓子は山口銘菓のういろう。B 静岡県の茶葉を使った「ミルクほうじ茶」はお菓子付きで650円。C もともとは割烹料理屋だったという空間。居心地のよい雰囲気に包まれている。

Information

電話	03-6455-5511
営業時間	平日 ランチタイム 11:30〜14:00（LO13:30） ティータイム 14:00〜19:30（LO19:00） 土曜 ランチタイム 11:30〜15:00 ティータイム 11:30〜18:30（LO18:00）
休み	日曜、祝日（日曜・祝日は不定期で開店し、営業時間は土曜と同じ）
住所	港区南青山2-20-1 平野ビル102
アクセス	東京メトロ銀座線外苑前駅より徒歩3分
HP	https://tesala.jimdo.com/

店頭にかかっている看板がとてもキュート。

も高い八十八夜に摘んだお茶のみを使用し、高級茶の産地・八女ならではの豊かな旨みとコクが何煎でも楽しめる。そのほか、濱本さん自ら産地に出向いて気に入ったお茶があった際には、特別メニューとして並ぶこともあるという。

　有機栽培の農家から仕入れる野菜で作る日替わりランチも人気で、マグカップにたっぷり入ったほうじ茶と楽しむことができる。仕事帰りにも、ランチタイムにも、ちょっとくつろいだ気分になりたい、というときに足を運びたくなるお店だ。

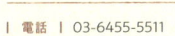

ショーケース手前に並んだ抹茶ジェラートを見ると、左から濃さが増していくのがよくわかる。

茶葉の味をダイレクトに感じられるお茶屋が営む抹茶ジェラートの店

渋谷・表参道 04

ななや 青山店

ななや　あおやまてん

新茶の時期には新茶のジェラートも登場。いろんな味と組み合わせてみて。

おしゃれなショップが立ち並ぶ青山に、普通のお茶カフェとは違った形で、その魅力を若い人にも発信しているお店がある。創業100年以上、静岡に本店を置く「丸七製茶」が営む同店だ。

このお店の存在を一躍有名にしたのが、「世界一濃い抹茶ジェラート」。構想だけで3年かかったというこだわりのジェラートは、抹茶の濃さをNO・1〜7から選べる。特にプレミアムのNO・7は、「農林水産大臣賞」を受賞した茶園の抹茶をたっぷりと使用した高級品質だ。品質があまりよくない抹茶を使っても濃くすることはできるが、味にえぐみが出て食べにくくなるという。質のよい抹茶だからこそ、濃くてもお茶の苦みと甘みをほどよく感じられる。

ほかにも、ほうじ茶や和紅茶、

A抹茶ジェラートはテイクアウト可。B店内では静岡を中心としたお茶や、石臼挽きの高級抹茶を練り込んだチョコレートなども販売。Cジェラートはシングル（370円）からトリプル（500円）まで。D外のベンチに腰かけてゆっくり味わって。

Information

電話	03-6427-9008
営業時間	11：00〜19：00（年末年始を除く）
休み	火曜（祝日の場合は開店）
住所	渋谷区渋谷2-7-12 1階
アクセス	JR渋谷駅より徒歩10分、東京メトロ銀座線・千代田線・半蔵門線表参道駅より徒歩9分
HP	http://nanaya-matcha.com/

「NO.7」は食べると舌が緑色に染まっちゃうほどの濃さ！

玄米茶などのジェラートもあり、普段はあまりお茶を飲まないという人にとっても気軽にお茶に親しめるはず。

　ジェラートを食べてお茶に興味が湧いたら、店内奥のスペースで静岡・藤枝市の茶葉などを買ってみてはどうだろう。定番の煎茶から「静岡抹茶のレモンティ」などの変わり種まで数十種が揃っているので、ジェラートと同じ茶葉を購入するもよし、ほかの茶葉を試してみるもよし。ジェラートをきっかけに、予想外のお茶との出合いが得られるかもしれない。

ガラス張りの窓からの光が明るい店内。併設する「ギャラリー素形」では、食器や雑貨を購入できる。

ヒカリエ地下2階の「菓壇 然花抄院」では、作りたての「然」かすてらを単品でも購入できる。

京都・室町発の和カフェを
渋谷の最先端スポットで

渋谷・表参道 05

茶庭 然花抄院
渋谷ヒカリエShinQs店

さてい ぜんかしょういん　しぶやヒカリエシンクスてん

若者の街・渋谷にある渋谷駅直結の商業施設「渋谷ヒカリエ」。買い物や観劇でにぎわうこのビル5階に、まるで京都に瞬間移動したかのような錯覚を覚えるカフェがある。「花ある心で人々をもてなす場所」、そしてお菓子本来の味を楽しんでもらいたいという想いを店名に込めた「然花抄院」。本店は京都の室町、老舗の呉服商が軒を連ねる街の一角に構えている。

そんな京都の風情を東京で唯一味わえるのが同店。室町本店と同じように茶釜が置かれ、京都の抹茶や煎茶、ちょっぴりスモーキーな京番茶などこだわりのお茶を頂ける。

抹茶は注文を受けてから、店内で一杯ずつ点《た》ててくれる。煎茶は急須に茶葉が入った状態で席まで持ってきてくれ、レク

A 作りたてのお菓子には「抹茶」や「煎茶」がよく合う。B 抹茶のアイスやカステラが盛られた「香り抹茶丸」など、京都の抹茶を惜しみなく使ったスイーツも絶品。C「菓樂」は1,800円〜。定番の「然」かすてらや玉しぐれなどのお菓子が揃う。

Information

電話	03-6434-1517
営業時間	10：00〜21：00（LO20：30）
休み	渋谷ヒカリエShinQsに準ずる
住所	渋谷区渋谷2-21-1 渋谷ヒカリエShinQs 5階（喫茶）／B2階（物販）
アクセス	東急東横線・田園都市線、東京メトロ半蔵門線・副都心線渋谷駅直結
HP	http://www.zen-kashoin.com/

地下２階のショップでは、一部の菓子を購入できる。

チャーを受けながら自分でお茶を淹れることができる。

同店の人気メニューは、併設の工房で作られる「然」かすてら。京都で丹波黒豆を食べて育った鶏の卵を使用した、黄身の濃厚な味わい。ヒカリエ店限定の「菓樂《からく》」という数種類のお菓子が楽しめるアフタヌーンティーセットで頂ける。

背が低めのソファ席は羽を伸ばしてリフレッシュできるおすすめ席。ちょっと忙《せわ》しい渋谷の街並みを眺めながら、優雅にお茶の時間を楽しみたいときにぴったりのお店だ。

A 写真の「べにひかりの紅茶」は秋原さんのお話付きで1,000円。シュワシュワはじける紅茶ソーダで飲むのがおすすめ。B 店内には映画ポスターがずらり。C アンティークグッズやユニークなインテリアにあふれ、見ているだけであっという間に時間が経ってしまう。

一本の映画を観るように
一杯のお茶を味わう都会の秘密基地

渋谷・表参道 06

和紅茶の店 かえるかふぇ

わこうちゃのみせ かえるかふぇ

Information

電話	03-6804-1933
営業時間	18：00〜22：30
休み	不定休
住所	渋谷区神宮前2-15-15 KAERUCAFEビル
アクセス	東京メトロ銀座線外苑前駅より徒歩11分
HP	http://www.kaerucafe.co.jp/tea/

4〜5名が座れる小さなスペースに、和紅茶や小笠原コーヒーなどメニューは4種のみ。日本で生産されている紅茶である和紅茶だが、ここでは優しく華やかな香りの奈良・月ヶ瀬の「べにひかりの紅茶」が頂ける。

映画の制作配給会社が経営する同店。映画監督でもある店主の秋原さんは、「大都会で、地方で大切に作られたものや人々の想いを伝えていきたい」と、このスタイルを続けているそう。お茶を味わいながらそのお茶にまつわるお話を聞けば、まるで一つの物語を観ているような気持ちになってくる。

COLUMN 04

移動カフェ

オンラインでも購入可

旅する日本茶カフェ

日本茶STAND

実店舗はないけれど、イベントなどでカフェを開き日本茶の魅力を伝えている。そんなお茶を愛する人々の活動を紹介します。

chabashira

イベントや出没場所は下記HPをチェックしてください。

チャバシラ　https://chabashira.theshop.jp/

お茶にはまだまだ知らない面白さや奥深さがつまっている。お茶を飲んで縁起のいい毎日を

代表の杉山さんは静岡県出身。お茶を飲んで縁起のいい毎日にしたいという想いで、茶柱「chabashira」と名付けた。

静岡県のお茶を中心に、自分たちが本当においしいと思う茶葉を厳選して提供。「スペシャルティ煎茶（400円）」は、やぶきたや香駿（こうしゅん）を使用。

お茶文化の面白さや奥深さを多くの人に知ってもらいたいと、2016年から活動をスタート。「本格的なお茶をカジュアルに楽しむ」をコンセプトに、イベントや出張ケータリングなどで一杯一杯丁寧に淹れるお茶のおいしさを伝えている。

移動カフェの「TEA STAND CARAVAN」では、スペシャルティ煎茶やほうじ茶、ハーブグリーンティー、抹茶ラテなどを販売。お茶はホームページでも購入可。今後はスイーツの導入や路面店の開業なども計画中とのこと。新しい挑戦に期待が膨らむ。

静岡や東京のイベントに出店しています！

OCHACCO

イベントや出没場所は下記 HP をチェックしてください。

オチャッコ　http://ochacco.jp/

**ワイングラスで飲みたい日本茶。
東北への愛があふれる
フレーバーティーブランド**

宮城県気仙沼市で生まれた姉弟が日本茶の持つ「おもてなしの心」を伝えるべく2017年に立ち上げた、日本茶フレーバーティーブランドだ。

地元・宮城県の桃生茶にブルーベリーなどをブレンドした青い日本茶「モノブルー」や、ラズベリーなどをブレンドした赤い日本茶「モノルージュ」は、見た目も味わいも華やか。ぜひワイングラスで頂きたいお茶となっている。

ほかにも、東北地方のフルーツや野菜などを茶葉にブレンドしたフレーバーティーも展開。

季節や行事に合わせた商品なども随時展開していく予定とのことなので、イベントに合わせて試してみるのも楽しそうだ。

東北を中心にイベントへ出店。炭酸水などで割った日本茶スパークリングが大人気。グラスに注がれた色鮮やかなフレーバーティーは、写真映えもする。

果実の爽やかな香りを感じられる「モノブルー」（写真左）と宮城・気仙沼いちごと茶葉をブレンドした華やかな香りの「マリンベリー」（写真右）。

「モノブルー」（1,000円／20g）などの茶葉はHPでも購入できる！

CHAPTER 5 目黒・自由が丘

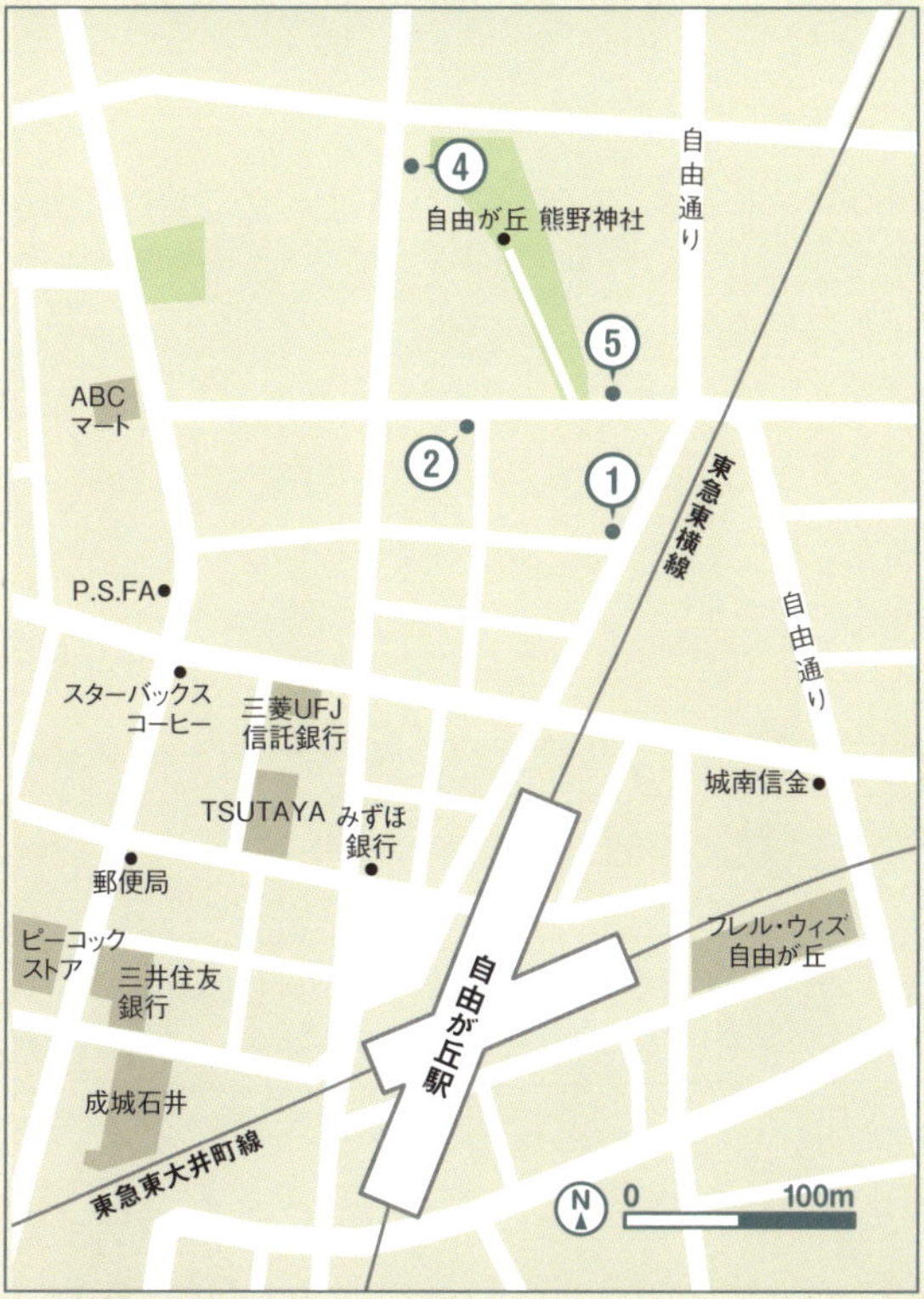

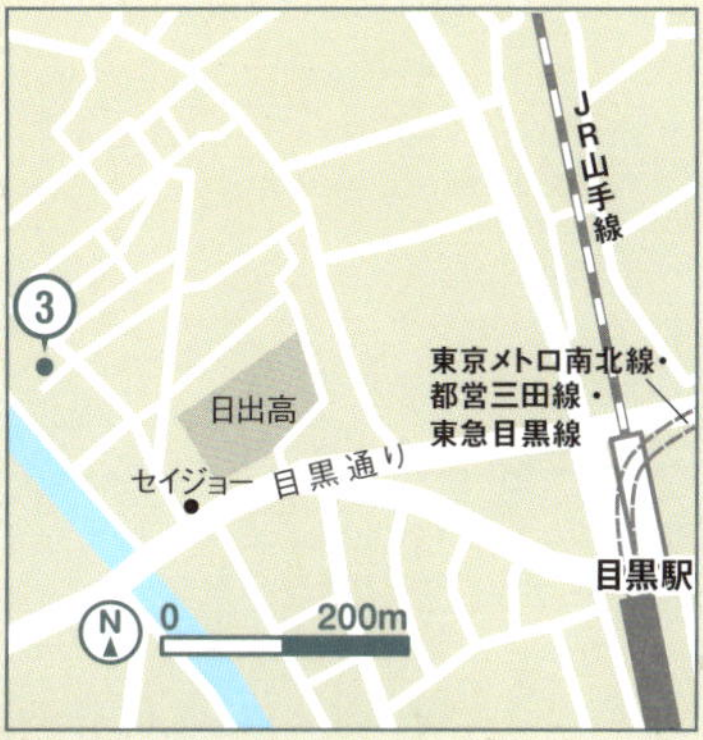

01

すすむ屋茶店
東京自由が丘

▶P.90

02

LUPICIA 自由が丘本店

▶P.92

03

Japanese tea shop
HANARUKA

▶P.94

04

古桑庵

▶P.96

05

黒船 自由が丘本店

▶P.98

artless craft tea & coffee
（一度は行っておきたいお店 04 →P.22）

A B 鹿児島の本店には置いていない同店限定の「自由が丘ブレンド」（1,296円／100g）など、オーダーすると目の前で淹れてくれる。

鹿児島発の日本茶専門店
スタンド感覚で立ち寄って

目黒・自由が丘 01

すすむ屋茶店　東京自由が丘

すすむやちゃてん　とうきょうじゆうがおか

「こくまろ」（432円）はバランスのいい味わい。

自由が丘駅から北に徒歩3分。全面ガラス張りの店舗は外からでもお茶を淹れている様子を見ることができる。鹿児島に本店を置く「すすむ屋茶店」の東京第一号店となるのがこのお店だ。

鹿児島茶の味わいを存分に味わうことができる一番人気の「こくまろ」からカフェインの少ない番茶まで、個性豊かな味わいの煎茶が並んでいる。

煎茶は大きめの湯呑みで、ほうじ茶はマグカップでたっぷりと提供してくれるため、店内や外のベンチに腰掛けて、手作りのあんを使ったぜんざいや最中と一緒に味わってほしい。テイクアウトもできるので、お茶を片手に自由が丘の街をぶらぶら、というのもいいだろう。

店内では茶葉だけでなく、お茶の道具を揃えることもできる。

A 店内や外のベンチでカジュアルに。テイクアウトも可。B 小さなお店だが、お茶の道具をすべて揃えられるラインアップ。C 茶葉はギフト用やティーバッグ、水出し用なども。夏でも冷茶を楽しめそう。D 鹿児島銘菓「湯之元せんべい」やどら焼きと合うお茶は？

Information

6 SALE SALE

電話	03-6421-4142
営業時間	10：00～19：00（LO18：30）
休み	第1・第3水曜（祝日の場合は翌日）
住所	目黒区自由が丘1-25-5
アクセス	東急東横線・大井町線自由が丘駅より徒歩3分
HP	http://susumuya.com/

入口の「ジャパニィズティー」の力強い文字が目を引く。

有田焼の湯呑みや常滑《とこなめ》焼の急須、真鍮《しんちゅう》の茶筒、湯冷ましのカップまで、すべてお茶をおいしく飲めるように設計されたお店のオリジナルデザイン。自分用にはもちろん、ギフト用にも喜ばれそうだ。

お茶に詳しくない人にも届けられるようにと、茶葉の説明は「自分へのご褒美」や「気分の切り替え」などのキーワードで表現。気取らず、選びやすいので、ティースタンドのような感覚でふらっと立ち寄ってお茶を楽しめる。そんなお茶との距離感が心地よい場所だ。

A 煎茶は900円～。お茶とともにオリジナルスイーツも楽しめる。日本茶には「抹茶あんみつ」が◎。B 2階のサロン。旬のお茶の試飲会なども開催される。C 高級感あふれる「ベルエポック」のお茶。

お茶専門店の本店では ここだけの特別感がたっぷり

目黒・自由が丘 02

LUPICIA 自由が丘本店

ルピシア　じゆうがおかほんてん

本店限定のお茶4種のうち日本の緑茶がブレンドされたオリジナルティーは2種。

日本茶のみならず、紅茶、中国茶まで世界のお茶を扱い、全国に150店舗以上展開するお茶専門店。その本店が、自由が丘にある。1994年の創業当時から、お茶の産地や品種、生産者など情報公開を心がけてきたという、お茶専門店のパイオニア的存在だ。

本店では、常時200種類の茶葉が揃っており、広々とした試飲専用スペースですべてのお茶を試すことができる。静岡・本山の「蒼風」など生産量が限られたレアなお茶から、本店限定の緑茶とアッサム紅茶をブレンドした「自由が丘」、宇治のやぶきたまで種類も様々。さらに低カフェインのお茶や個性的なフレーバードティーなど、年間を通じて約70～80種類もの日本茶を購入できるのだ。

そしてここ本店の2階には、

C

A

B

A 茶器はオリジナルから、アジアンテイスト、英国デザイン、モダンデザインなどが揃う。B 英語表記の商品紹介や英語を話せるスタッフも多いので、外国人さんにもおすすめ。C 基本の日本茶はもちろん、季節ごとに花やフルーツが香るフレーバードティーなども登場する。

Information

26 SALE SALE

電話	03-5731-7370
営業時間	9：00～20：30（2階ティーサロン LO19：30）
休み	不定休
住所	目黒区自由が丘1-25-17
アクセス	東急東横線・大井町線自由が丘駅より徒歩5分
HP	http://www.lupicia.com/

1階にはティースクールもある。

ちょっと特別なお茶のサロンがある。希少な茶葉や高品質な茶器、お茶菓子など〝時代を越えた上質〟を提案する「ベルエポック」という空間だ。エレガントなものを追求する大人のためのお茶専門店として、全国ではここを含め2店舗のみ展開。プロがティーポットで丁寧に淹れてくれるお茶をゆっくりと味わうことができる。本店ならではの、お茶に合う季節限定スイーツなども要チェックだ。

　自分にご褒美をあげたいとき、上質な贈り物を選びたいときに重宝する場所といえそうだ。

お茶は「知覧煎茶」(500円)。鈴カステラやチョコレートなど日替わりでお菓子付き。

嬉野茶のおいしさに惹かれ
7年間追い求めたこだわりの一杯

「急須で淹れたお茶のおいしさを伝えたい」という想いで、ティーバッグではなく茶葉のみでの販売となっている。

目黒・自由が丘 03

Japanese tea shop HANARUKA

ジャパニーズ ティー ショップ ハナルカ

目黒駅から少し歩いた目黒川近くに、一見コーヒーショップのようにも思える日本茶専門店がある。「最近、日本茶を飲んでいないな」という若い人でも気楽に立ち寄れる場所を作りたいと、店主の中野さんが2016年にオープン。

「海南流煎茶道師範」の資格を持つ中野さんだが、もともとは音楽の仕事をしていたそう。あるとき旦那さんの故郷である佐賀・嬉野のお茶を初めて飲んだとき、そのおいしさに今まで感じたことのない衝撃を受け、お茶の仕事をしようと一念発起。それ以来7年間、全国から様々な茶葉を取り寄せては飲み続け、その中で「これだ!」と感じた1つの茶園の茶葉を、同店で提供しているという。

そのこだわり抜かれた茶葉は、鹿児島産の有機栽培のもの。な

A 写真左が「知覧煎茶」、右が「抹茶入知覧茶」（450円）。B 気軽に日本茶を楽しんでほしいという気持ちの表れた心地よい空間。C「紅鮭といくらの親子茶漬け」のほか、真鯛のお茶漬けも。ランチにもぴったり。D 家に連れて帰りたくなる波佐見焼や有田焼の茶器。

Information

17 SALE SALE

電話	090-9013-3057
営業時間	火～土曜11:30～21:00（LO20:30） 日曜11:30～17:00（LO16:30）
休み	月曜
住所	目黒区目黒1-24-7 サンライズ目黒101
アクセス	JR・東京メトロ南北線・都営地下鉄三田線・東急目黒線目黒駅より徒歩7分
HP	https://www.hanaruka.com/

子ども連れでも入りやすいとファミリーから好評。

んともいえない深みのある「知覧煎茶」と、うっとりするようなコクの「抹茶入知覧茶」、鼻から抜ける華やかな香りが芳ばしい「和紅茶」の3種を頂くことができる。

お茶のほかにも、「天然鯛の自家製ゴマだれ茶漬け」など本格的なお茶漬けが3種類用意され、夜にはお酒のメニューも登場。「お茶とお茶漬け」や「お茶とお酒」のコラボレーションを楽しんでみるのもいいだろう。仕事帰りに寄って、気軽に本格的なお茶と軽食とお酒を楽しめるという、あたたかいお店だ。

A C 庭園をゆったりと眺められる窓側の席が一番人気。B「古桑庵風抹茶白玉ぜんざい」。もちもちの白玉と小倉あんに、抹茶の苦みが加わり絶妙なハーモニー。

文豪・夏目漱石に縁ある古民家茶房 懐かしさとともにお茶や甘味を

目黒・自由が丘 04

古桑庵

こそうあん

店名の「古桑庵」は、桑の木を使った茶室が由来。

自由が丘駅から洋服屋や雑貨屋が並ぶ通りに沿って6分ほど歩くと、坂の途中に見えてくる古民家カフェ。

もともとは店名の通り、桑の古材を使った茶室だったというこの建物。日本を代表する文豪・夏目漱石の婿で小説家の松岡譲と同店オーナーである中山さんの祖父がテニス仲間で、その縁から茶室建設を計画。1954年に完成し、今は日本茶を楽しめる茶房&ギャラリーとして生まれ変わっている。

茶房は畳敷きの和室なので、靴を脱いで上がる。骨董品や民芸品、前オーナーで人形作家の渡辺芙久子さんが製作した人形などが並べられており、懐かしさで胸がほっこりしてくる。大きく開かれた窓の外には、緑あふれる日本庭園が広がっている。

メニューは抹茶や抹茶オーレ

A抹茶は季節によって変わる和菓子がセットで830円。B古布を使ったティッシュケースやポーチなどの手作り雑貨も売られている。同じものは一つとしてないので迷ってしまう。C店内には画家・横山大観や夏目漱石の書画など貴重なものも展示されている。

Information

電話	03-3718-4203
営業時間	11:00~18:30（LO18:00）
休み	水曜
住所	目黒区自由が丘1-24-23
アクセス	東急東横線・大井町線自由が丘駅より徒歩6分
HP	http://kosoan.co.jp/

庭の飛び石をトントンと渡って昔懐かしい日本家屋へ。

など抹茶を使ったものが人気。「いちごミルク」や「ばななミルク」などノスタルジックなメニューも。スイーツなら「古桑庵風抹茶白玉ぜんざい」や「クリームあんみつ」がおすすめ。お茶の味わいを引き立てる、優しい甘みを楽しむことができる。

茶房に生まれ変わった当時からギャラリーも併設。陶芸や手芸、手織り布などの作家さんが個展を開いている。窓側の席から純和風の庭園を眺めつつ、ゆっくりとお茶を飲んでいると、まるで昭和にタイムスリップしたかのような感覚になっていく。

A少しスモーキーな「京番茶」（800円）はスイーツとの相性バツグン。B店内中央の茶釜では、奈良県の「天の川」というお水を毎日沸かして使っている。C黒船のカステラに秘密のソースがかかった、カフェ限定の「MIRAIカステラ」。D人気の「黒船どらやき」はお土産にも◎。

作りたてのお菓子とお茶を
贅沢な癒やしの空間で

目黒・自由が丘エリア 05

黒船 自由が丘本店

くろふね　じゆうがおかほんてん

Information

電話	03-3725-0038
営業時間	喫茶11：30～18：30（LO18：00）
休み	月曜（祝日の場合は翌日）
住所	目黒区自由が丘1-24-11
アクセス	東急東横線・大井町線自由が丘駅より徒歩5分
HP	https://www.quolofune.com/

「つくりたてを、つくりたくて。」というコンセプトのもと、日持ちはしないけれど記憶に残るスイーツを提供しているお店。ここ本店では、1階で作りたてのお菓子を販売。2階が「café COCOOCEN（カフェコクセン）」という全国で唯一の黒船のカフェとなっている。

店内は芝生のような絨毯の上に、ゆったりとしたソファやテーブル席が並んでいる。

お茶は宇治茶を中心にセレクトされた「煎茶」やオリジナルブレンドの「抹茶入り玄米茶」など数種類。作りたてのお菓子と合わせれば、お茶とお菓子の両方の味わいが引き立つはずだ。

COLUMN 05

このお店の 日本茶メニューに注目！

日本茶専門店ではなくても、日本茶好きなら行くべき！ 飲むべき！ というメニューがある3店舗を紹介します。

SHIGA's BAR

滋賀県の銘茶を
3つの温度で味わえるバー

シガズバー　https://cocoshiga.jp/bar/　地図はP.36~37

ソフトクリームや滋賀のお米「みずかがみ」のおにぎりはテイクアウト可。

お茶はコーヒーのドリップツールとペーパーフィルターを使って淹れられる。その様子をカウンター越しに見ることができる。

「朝宮茶」や「土山茶」など複数の産地のお茶を購入できる。

1階マーケットには
滋賀県の食品や
工芸品が並ぶ！

滋賀県の魅力を食や物、イベントを通して発信する商業施設「ここ滋賀」が2017年10月、日本橋に誕生。その1階に、この地酒バーがある。県内33蔵の日本酒を朝から夜まで楽しむことができる、角打ちスタイルのお店だ。

実はここで、かつて武将・豊臣秀吉が気に入ったといわれる「三献の茶」、近江の茶をワンコインから味わえるのだ。

お茶は65度、80度、アイスと3回温度を変えて淹れてくれる。一つの品種でこれほどまでに味が違うのかとビックリするはず。

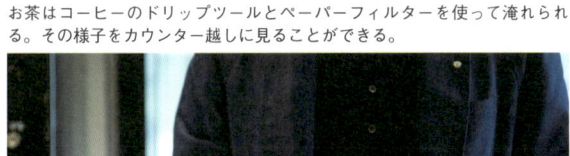

ALFRED TEA ROOM 青山本店

LA 発ティーブランドが
日本上陸

アルフレッドティールーム　http://www.alfredtea.jp 地図はP.74・75

アメリカ・ロサンゼルスで2016年の5月に誕生した、ティー専門店の東京旗艦店。紅茶、日本茶、台湾茶など世界のお茶が揃い、ラテやボバ入りなどアレンジドリンクが豊富。厳選された茶葉だけを使用し、合わせてグルテンフリーのスイーツなども堪能できる。新宿ルミネエストにもショップがある。

ミレニアルピンクに彩られた店内。

大和高原の高級抹茶をふんだんに使ったタピオカ入り「ボバ抹茶ラテ」(702円)。

ほうじ茶ミルクにアイスなどを添えた、スイーツのような「ほうじ茶ドリーム」(810円)。

from afar 倉庫 01

好奇心を刺激する
グッズばかりのカフェ

フロムアファーソウコ 01　http://www.fromafar-tokyo.com/

浅草と両国、蔵前の中間あたりの下町にある、元・木材倉庫をリノベーションして生まれたカフェ。アンティークな家具、作家さん手作りの食器、美しい鉱物などがところ狭しと並べられ、時間を忘れてしまいそう。

日本茶好きなら「水鳥」や「ほうじ茶ラテ」がおすすめ。タルトやケーキもお試しあれ。

フラワーショップも併設。季節のお花も楽しめる、にぎやかな空間。

お茶の香ばしさとほどよい甘さがポイントの「ほうじ茶ガトーショコラ」(500円)。

緑茶にフルーツや花をブレンドした「水鳥」(500円)。

CHAPTER 6 東京そのほかのエリア

畳張りの床と椅子。一歩足を踏み入れると、
懐かしい感触や香りに心が落ち着く。

畳に囲まれた和モダンな空間
買い物の途中に「お茶」をしよう

茶釜から自分でお湯を汲んで、
2・3煎目を淹れられる。

東京そのほかのエリア 01

甘味茶屋 七葉
新宿小田急百貨店

かんみぢゃや ななは　しんじゅくおだきゅうひゃっかてん

新宿駅直結の「小田急百貨店」の中。お店のあちらこちらに木や石、畳などがあしらわれ、ここが都会の真ん中であることを忘れさせてくれる。障子から優しい陽ざしが降り注ぐ店内奥には、ちょっと珍しい〝土足で上がれる畳のフロア〟が。隅には茶釜が据えてあり、お客さん自身で2・3煎目のお湯を汲むことができる。

京都・和《わ》束《づか》産のお茶を中心に、甘み・渋み・苦みのバランスを追究してブレンドされた同店オリジナルの煎茶は、飲みやすくも奥深さと力強さのある味わい。甘みのあるお茶が好きな人には、この茶葉をたっぷりと2倍量使用し、じっくりと時間をかけて出す「水出し冷煎茶」もおすすめだ。急須と湯呑みは陶芸作家の清水源二さんによる常滑《とこなめ》焼を使用。高級な茶器に触れて、実

A「煎茶 七葉」(950円)には、北海道十勝産の小豆を使った「淡雪あん」の羊羹(季節のよせあん)が付く。上品で優しい甘さは煎茶によく合う。B煎茶のほか、かりがね茶を焙じたほうじ茶や玄米茶も店頭で購入可。C自分でお茶を淹れる楽しさも味わえる。

Information

| 電話 | 03-5323-0717
| 営業時間 | 10：00〜20：00（LO19：30）
| 休み | 小田急百貨店新宿店に準ずる
| 住所 | 新宿区西新宿1-1-3 小田急百貨店新宿店5階
| アクセス | JR新宿駅より徒歩1分
| HP | http://www.nanaha.com/kanmi/

七つの葉がリース状になったロゴが目印。

際にお茶を淹れることができるのも、贅沢なひととき。

また食事や甘味メニューも、出汁や米、寒天など、すべての食材を生産地から徹底的にこだわっているのも特徴的。うどんと相性のいい揚げたてのてんぷらにも、日本茶のお店ならではの趣向が。衣に鹿児島県産と宇治産の茶葉をブレンドした特別な茶葉を混ぜてあるので、口に入れた瞬間、ほんのりとしたお茶の味が広がる。

お買い物に疲れたら「お茶しましょう」と声をかけ合って、誰かと一緒に訪れてみては。

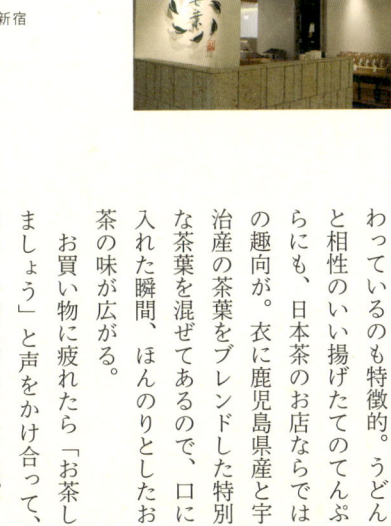

A 厳選した緑茶にゆずの皮をブレンドした「ゆず緑茶」は冬の時期限定。B お茶のお湯は茶釜から汲んでいる。

無農薬有機栽培のお茶とかわいい雑貨が楽しめる店

東京そのほかのエリア 02

茶々工房

ちゃちゃこうぼう

かわいい看板が目印。22時まで開いているので仕事帰りにも。

学生の街、高田馬場駅から早稲田通りをまっすぐ歩いた先。古時計が時を刻む、どこか懐かしい雰囲気の中でお茶を味わえるお店がある。2003年からお店を構えていることもあり、気軽に楽しめる日本茶カフェとして、幅広い世代から親しまれている場所だ。

お茶のメニューは鹿児島、静岡、京都、福岡などから無農薬有機栽培のお茶だけを揃えるというこだわり。各地の味わいの違いを感じながら、飲み比べをしてみるのも楽しい。春には新茶、冬にはゆずを使ったお茶など、季節限定のお茶も頂ける。

お茶だけでなく「抹茶クリームあんみつ」や「ほうじ茶パフェ」、「抹茶ぜんざいのかき氷」などのスイーツや、「サンマと野菜そぼろ煮丼」（夜のみ）などお茶に合う食事も豊富。夜

A 上品な和雑貨や作家お手製の急須なども売られている店内。B お茶は450円から、ほうじ茶や抹茶などもある。写真は珍しい「天豊」。C 抹茶づくしの「抹茶クリームあんみつ」（600円）。D 小腹を満たすのにぴったりな「おにぎりセット」。ディナーメニューやお酒もある。

Information

電話	03-3203-2033
営業時間	12：00～22：00（LO21：30）
休み	日曜、祝日
住所	新宿区西早稲田2-21-19
アクセス	東京メトロ副都心線西早稲田駅より徒歩3分、JR・西武鉄道新宿線・東京メトロ東西線高田馬場駅より徒歩8分
HP	http://chachakoubou.com/

早稲田通りの喧騒からちょっと離れた坂の途中にある。

は緑茶ハイや抹茶ハイといった、大人向けのお茶メニューも楽しむことができる。

　お茶を注文すると、ポットにお湯をたっぷりと入れてテーブルに置いてくれるので、2・3煎と楽しみながら、ゆっくりと時間を過ごせるのが嬉しい。

　店内では茶葉のほか、手作りの和雑貨や、陶芸作家さんが作った急須なども購入できる。

　気兼ねなくおしゃべりを楽しめるのはもちろん、一人でもくつろげるアットホームな雰囲気は、一度来たら、二度三度と通ってしまうこと間違いなしだ。

「京丹後上煎茶」（648円）。ポットにお湯を追加してもらえば、2煎目も楽しめる。

花街の面影が残る神楽坂の
路地裏にある隠れ家カフェ

煎茶にハーブをブレンドした「煎茶レモングラス」（648円）。胃腸が疲れ気味な方におすすめ。

東京そのほかのエリア 03

神楽坂 茶寮 本店

かぐらざか さりょう ほんてん

石畳が今も残り、風情あふれる神楽坂。メインストリートから少し離れたところにあるこのお店は、京都の長屋を思わせる趣のある古民家が目印だ。木のぬくもりが感じられる店内に、ガラス張りの窓から入る陽の光があたたかく降り注ぐ。

お茶のメニューは濃密な甘さとコクがたまらない「八女茶」や京丹後の自然で作られた「上煎茶」、コクたっぷりの静岡・掛川の「深蒸し煎茶」といったスタンダードな日本茶から、「煎茶レモングラス」や「うるち米の入った玄米茶＋ほうじ茶＋生姜のブレンドティー」など創造性にあふれるもの、紅茶や中国茶まで揃っている。

スイーツは和の食材をふんだんに取り入れ、甘さ控えめに仕上げているので女性にも嬉しいものばかり。中でもホワイト

A 国産抹茶と牛乳のハーモニーが味わえる「抹茶ラテ」(658円)。お好みで黒みつを加えて。B フィナンシェや焼き菓子もオリジナル。写真は「京抹茶のパウンドケーキ」。C 店内にはアンティーク家具が置かれ、落ち着いた雰囲気。テラス席もある。

笹の葉がシックな建物によく似合う。

チョコに高級な抹茶をたっぷりと混ぜた「京抹茶のチョコレートフォンデュ」は、お茶とともに楽しみたい一品。白玉やいちご、築地の生麩専門店から取り寄せた「よもぎ麩」をディップして食べた後、残った抹茶チョコレートをバニラアイスにかけて頂く、贅沢な逸品だ。

常時8種類あるというおばんざいをはじめ、うどんやカレーなど食事メニューもこだわりづくし。平日・土曜は23時まで、日曜・祝日は22時までオープンしているので、遅い時間でちょっと癒やされたいときに◎。

Information

| 電話 | 03-3266-0880
| 営業時間 | 月曜~土曜 11:30~23:00 (LO22:00)
日曜・祝 日11:30~22:00 (LO21:00)
| 休み | 不定休
| 住所 | 新宿区神楽坂5-9
| アクセス | 都営地下鉄大江戸線牛込神楽坂駅より徒歩3分、東京メトロ東西線神楽坂駅より徒歩4分
| HP | http://saryo.jp/

センスあふれる家具や照明、書籍を眺めながら、ゆったりとお茶する贅沢な時間を。

お茶とお酒と小さなお料理を 23時まで楽しめる場所

東京そのほかのエリア 04

飯田橋 茜夜

いいだばし　あかねや

「ドライりんごのあぶり焼き」はシンプルながらクセになる味。

福岡で、そして長年にわたり東京・神楽坂でお茶のお店を営んできた店主・柳本あかねさんが、飯田橋に構えたお茶とお酒の小さなバー。

仕事が終わった夜遅くに、本格的なお茶を楽しめる場所は閉まっていることも多いが、同店の営業時間は19時〜23時。近くで働く女性が仕事帰りに一人でふらっと訪れる、そんな光景も多く見られる。

「本が読めて、手紙が書ける」というコンセプトのもと、店内は一人でゆっくり時を過ごせる雰囲気。優しい手触りのメニューを開くと、気軽に一杯頂けるお茶とお酒と小皿のお料理が並んでいる。

お茶は柳本さんの出身地・静岡の茶葉を中心に、八女の玉露や珍しいお茶など、季節に合わせて、そのときのおすすめを出

A お茶は「煎茶」（864円）など。プラス108円で季節の干菓子をセットにできる。B 静岡の上煎茶葉を使った冷茶感覚で飲める「煎茶割り」（702円）と小腹満たしにぴったりな「アボカドしらす丼」。C 店内にはたくさんの本や愛らしい雑貨が並ぶ。柳本さんがデザインを手がけた本もある。

Information

電話	03-3261-7022
営業時間	火～金曜 19：00～23：00（LO22：30）
休み	土・日・月曜、祝日
住所	千代田区飯田橋3-3-11 2階
アクセス	東京メトロ東西線飯田橋駅より徒歩1分、JR・東京メトロ有楽町線・南北線・都営地下鉄大江戸線飯田橋駅より徒歩3分
HP	http://www.akane-ya.net/

営業中は階下のランプがともるので目印に。

してくれる。お茶を頼むと柳本さんが目の前で急須を使って丁寧に淹れてくれ、そのあたたかさに心がじんわりとほぐれていく。茶葉を水出しして焼酎で割った「煎茶割り」は、まるで冷茶のようで、リピートするお客さんが多い人気メニューだ。

一人でゆったりと、もの書きをしたり本を読んだりしながら、お酒とおつまみを頂き、締めにお茶を飲む。そんな一日の終わり方もいいだろう。家へ帰る前に「ちょっとだけゆっくりしたい」というときにこのお店を思い出してみてほしい。

A ほとんどのお茶は氷水出しでも頂ける。1煎目と2煎目で違いを楽しんでみて。B つい長居してしまう居心地のいい店内。

静岡の「おくみどり」(500円)や「東頭(とうべっとう)」(1,000円)など、10種類以上のお茶が揃う。

「お茶」と手作りの「あん」で心地よいひとときを

東京そのほかのエリア 05

Chatoan

チャトアン

阿佐ヶ谷駅北口から大通りを進み、一歩路地に入った場所にある。店主・増田さんの「街の人に愛されるお店にしたい」という想いのもと、2017年7月にオープンしたお店。照明や椅子の高さ、音楽まで〝心地よさ〟にこだわり、店内はまるでリビングルームのようなあたたかい空間になっている。

お茶のメニューは静岡の山間部のお茶を中心に数品種。時期によって釜入り茶、熟成茶なども登場するという。ほとんどのお茶はお湯だけではなく氷水出しで淹れてもらうこともできるので、温度による味の違いを体感することもできる。

お茶に付いてくるお茶菓子は、手作りの一口もなかやドライフルーツ、おかきなど常時4〜5種から選べる。また「Chatoan(茶とあん)」という店名の通り、

A うっとりするような風味の「ほうじ茶」（600円）。B 写真奥の「手作りほうじ茶アイス」は牛乳や卵を使わず、甘酒で甘みとコクを足している。写真手前は「つぶあん入りクレープ」。C D 店内では店主・増田さんの出身地、岡山県の備前焼で器を揃えている。購入も可。

Information

14 SALE SALE

電話	03-6265-5993
営業時間	10：00～19：00
休み	月曜（祝日の場合は翌日）
住所	杉並区阿佐谷北1-21-28 1階
アクセス	JR阿佐ヶ谷駅より徒歩5分
HP	https://www.facebook.com/chatoan17/

みんなで来ても、一人で来ても入りやすいお店。

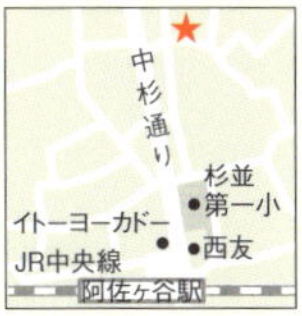

手作りのあんを使ったスイーツもここを訪れたら外せない。「つぶあん入りクレープ」は、優しい甘さで人気のメニュー。あんに柑橘系のフルーツを加えた、とろけるような食感の「柑橘あん入りわらび餅」も、一度食べたらやみつきになる。

スイーツや食事もあり、お茶は3煎まで頂けるので、一人で気ままな時間を過ごすのにも、数人で会話に花を咲かせるにも〝ちょうどいい〟場所。このお店ならではの居心地のよい空間は、どんな人でもあたたかく迎えてくれるだろう。

A「献上加賀棒茶」(HOT)は350円。ちょっと甘いものがほしいときは落雁を一緒に。B人気の献上加賀棒茶「菫(すみれ)テトラ」(缶入972円)など、ティーバッグのテトラシリーズ。Cスタンド感覚で気軽に利用できる。

老舗茶店のティースタンド
献上加賀棒茶を淹れたてで

東京そのほかのエリア 06

加賀棒茶 丸八製茶場
エキュート品川店

かがぼうちゃ　まるはちせいちゃじょう　エキュートしながわてん

Information

電話	03-3444-1155
営業時間	8：00~22：00（日曜、祝日 ~20：30）
休み	無休
住所	港区高輪3-26-27 JR東日本品川駅構内 エキュート品川
アクセス	JR品川駅中央改札内（※新幹線の改札口からは入れません）
HP	8ts.kagaboucha.com

多くの人が利用するターミナル駅であるJR品川駅。その駅構内「エキュート品川」に、金沢で創業150年の加賀棒茶の老舗によるティースタンドがある。加賀・金沢では日常的なお茶として親しまれ、昭和天皇に献上したことでも知られる「献上加賀棒茶」。一番摘みの茎を浅く焙じた香り高くすっきりとした味わいが特徴だ。

九谷《くたに》焼の五彩を用いたパッケージのお茶「加賀いろはテトラシリーズ」は、思わず全種類集めたくなるかわいさ。ティーバッグで手軽に本物のお茶を楽しめ、お土産にも喜ばれるはず。

A煎茶セット「お福茶」（500円）。B小原さんいわく「お茶は淹れ方の基本を押さえれば、シーンや気分に合わせて変えられる。それが魅力的」なのだとか。C季節の花や掛け軸が飾られ、落ち着いた空間。D店内にはオリジナルブレンドの煎茶など、茶葉や茶器が揃う。

ほのぼのとした商店街にある
地元に愛されるお茶屋さん

東京そのほかのエリア 07

大山園

おおやまえん

Information

7 SALE SALE

電話	03-3956-0471
営業時間	10：00〜20：00 喫茶10：30〜20：00（LO19：30） 火曜 11：00〜19：00（LO18：30）
休み	第3火曜(または第4火曜)
住所	板橋区大山町6-8
アクセス	東武東上線大山駅より徒歩1分
HP	https://www.ohyamaen.jp/

茶葉販売店の奥にある7席ほどの小さなお茶処。お茶のオリンピックこと「茶審査技術」七段を所持する3代目店主・小原さんが、2013年から店内に席を設けたという。

静岡・掛川産の煎茶のセットは季節のお菓子付きで500円から。3煎目まで楽しめるのも嬉しい。スイーツも豊富だが、夏季限定のかき氷「宇治金時」は特に人気。新茶葉と宇治抹茶を閉じ込めた氷を削るので、お茶の風味が口の中に広がっていく。

店内では喫茶スペースで飲んだお茶をはじめ、様々な茶葉・茶器を購入できる。

店内にはお茶に関する書籍も置かれており、
自由に読むことができる。

40年続く下北沢のお茶屋で
気楽に本格的なお茶を

喫茶つきまさ

きっさつきまさ

デニム生地の粋なメニュー表。お茶は
25種類もあり、選ぶ時間もまた楽しい。

若い人が集まる下北沢。この街に40年も前から店を構える同店は、長年多くの人々に愛されてきた。下北沢とともに歩み、〝お茶と出合える場所〟として、街の賑わいに間違いなく一役買ってきたお店だろう。

メニュー表を開くと、多彩なお茶の名前が並んでいる。「煎茶」だけでも、香ばしくて飲みやすいお茶から甘みが強いお茶、まろやかな旨みが楽しめるお茶と様々な味わいのものを選べる。あまりお茶を飲んだことがないという人も、いろいろと試して自分の好みの味を見つけることができるだろう。

煎茶以外にも抹茶や玉露、茎茶に番茶、ほうじ茶、さらに梅しょうが番茶やバター茶など、多種多様なお茶が勢揃い。もともと薬として使われていた歴史のあるお茶だからこそ、不調を

A 煎茶「つきまさ」(550円)。静岡産のお茶が多いが、季節に合わせて京都や福岡・八女の茶葉も登場するのだとか。B 選べるお茶菓子はこれだけ種類豊富! C "看板カメ"の金ちゃんがお出迎え。D かわいい茶器や茶筒に、ついついあれもこれも手に取ってしまう。

Information

25 SALE SALE

| 電話 | 03-3410-5943
| 営業時間 | 11:00~21:00 (LO20:30)
| 休み | 水曜
| 住所 | 世田谷区代沢5-28-16
| アクセス | 小田急小田原線・京王井の頭線下北沢駅より徒歩5分
| HP | http://www.tukimasa-simokita.com/

若者の集う下北沢ならではの出会いがある。

感じたら、体調に合わせて飲むお茶を選んでみるというのもおすすめだ。お茶菓子が付くお茶メニューもあり、店主の相馬さんが全国から取り揃えたおすすめのお菓子を、10種類の中から選ぶことができる。

お店で飲める煎茶のメニューは、店頭で買って帰ることもできる。店名「つきまさ」が商品名になっているオリジナル煎茶は、パッケージもかわいいので下北沢のお土産にも最適。老舗ながら、若い人でも楽しめる工夫があちこちに垣間見られる素敵なお店だ。

国分寺茶の茎の部分を使った香り高い「ほうじ茶」（450円）。お茶には全国から取り寄せたお菓子が日替わりで付く。

豊かな自然と東京のお茶を
同時に堪能できる場所

東京そのほかのエリア 09

茶かわせみ

ちゃかわせみ

店主・紺野さん手作りの「黒五ブランマンジェ」は黒五の香りとふるふるの食感がたまらない。

窓の向こうを眺めると、「トトロの森」のモデルになったという緑豊かな狭山丘陵の八国山緑地と北山公園が広がる。日が暮れると、遠くに見える電車がまるで「ネコバス」のように通り過ぎていく。

新宿駅から30分ほど電車に揺られ、西武園線の西武園駅から川沿いを歩いて11分。自宅の居間を改装したという同店は、入った瞬間に思わず「ただいま」と言いたくなるようなあたたかさに包まれている。

ここで頂けるお茶は、福岡・八女の玉露や埼玉・狭山の抹茶、東京・国分寺で作られている「国分寺茶」など数種類。東京で東京産のお茶を目にする機会は意外と少なく、どこでも飲めるというものではないので、こういった場所で出合えるのはとても嬉しい。

A 地元のお茶、「国分寺茶」（450円）。２・３煎目は自分で淹れて味の変化を楽しむ。B 素敵な茶器や窓からの風景も楽しんで。C「おぜんざい」には香ばしいほうじ茶がぴったり。D ドイツ製真空管ラジオから流れる、独特のやわらかい音を聴きながらのんびりと。

Information

電話	042-392-5590
営業時間	4〜9月９：00〜17：30（LO17：00） 10〜3月９：00〜16：30（LO16：00）
休み	第1・第3水曜、木曜
住所	東村山市野口町3-42-18
アクセス	西武鉄道西武園線西武園駅より徒歩11分
HP	https://www.facebook.com/konmasa5376

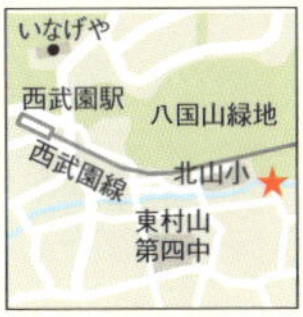

近くには菖蒲（しょうぶ）の名所、北山公園や八国山なども。

ほうじ茶や玉露を注文すると、好きな湯呑みを選ぶことができるのも楽しいポイントだ。

また、ここに来たらぜひ味わってほしいのが店主・紺野さん手作りのスイーツ。「黒五」という黒ゴマ、黒米、黒豆、黒かりん、黒松の実を粉末にしたものを使って作る「黒五ブランマンジェ」や自家製のぜんざいなどは、甘さ控えめでお茶にとても合う。

窓から見える自然と湯呑みの中に広がる香りが調和して、ここでしか味わえないお茶の時間を過ごすことができる。

A B 煎茶は860円から、抹茶や玉露、ブレンド茶と種類豊富。
紅茶や中国茶メニューもある。1階でも購入可。

町田の老舗茶屋が提案する
あらゆるお茶の新しい楽しみ方

東京そのほかのエリア 10

老舗ひじかた園

しにせひじかたえん

国内産ベルガモットと緑茶をブレンドした上品な味わいの「アールグレイジャパニーズ」もお試しあれ。

町田で150年以上店を構える、知る人ぞ知るこのお店。1階は茶葉や茶器の販売スペース、2階がカフェスペースになっている。カフェでは抹茶、玉露、煎茶のほか、中国茶やマテ茶、紅茶、ハーブティーなどから選ぶことができる。4月中旬~5月は新茶、11月~1月末は品評会入賞のお茶など、季節によって飲めるお茶も登場するので、そのときどきのおすすめを聞いてみても◎。お茶には和菓子などが日替わりで付き、2・3煎目用のお湯もたっぷり用意してくれる。

実は「マテ茶の聖地」とも呼ばれている同店。マテ茶とは南米大陸南東部地区で生産されている飲料で、「ボンビージャ」という先端にフィルターの付いた金属のストローを使って飲むもの。同店の店主である土方さ

A「テレレ・グリーン」は860円。B席につくと、ウェルカムティーならぬウェルカム種（ひまわりの種）が運ばれてくる。テーブルの真ん中には台湾製の金属ポットが入り、自分でお湯をつぎ足せる。Cほうじ茶の焙煎機。店の外で自家焙煎すると、香ばしい香りが漂う。

Information

27 SALE SALE

電話	042-722-3265
営業時間	10：00～19：00（2階喫茶LO18：00）
休み	水曜
住所	町田市原町田 4-3-6
アクセス	JR町田駅より徒歩4分、小田急小田原線町田駅より徒歩6分
HP	http://www.hijikataen.com/

1階には茶葉や茶器がたくさん。掘り出し物が見つかるかも？

んが、様々なお茶を知ってもらえたらと30年以上前から提供しているのだ。このマテ茶の飲み方で日本茶を飲むという遊び心いっぱいのメニューも人気。たっぷりの茶葉を氷水で抽出し、ボンビージャで吸って飲む「テレレ・グリーン」は、驚くほどの甘さと旨みがあり、一度飲んだら忘れられない体験になること間違いなし。

店主の土方さんがいれば、お茶の淹れ方はもちろん、それぞれのお茶の詳しい情報も教えてくれる。お茶のことを知りたくなったら、ぜひ訪れてみて。

古美術屋などから集めたアンティーク家具や
作家さん手作りの照明などで彩られている。

抹茶をオーダーすれば茶碗を選ぶことができる。すべて作家もの。

たくさんの器と緑に囲まれて お茶とスイーツに舌鼓

東京そのほかのエリア 11

うつ和 縁 en

うつわ えん

足立区の六町駅から住宅街を歩くと、ふと姿を見せる和風建築。小さな植物が鉢に飾られ、上品さを醸し出している。店内に入ると、吹き抜けのフロアには、購入もできる作家ものの器が並べられている。

全国を転々とし、様々な焼き物に触れてきた店主の兵藤さん。「置いても楽しい、使っても楽しい」という器の魅力を知り、器の楽しみ方を多くの人に知ってもらいたいと、同店をオープンさせたという。もともとはギャラリーだったそうだが、現在は素敵な器とともにお茶やスイーツを楽しめるカフェにもなっている。

ここで頂けるお茶は静岡のお茶を中心に、八女の新茶や宇治の抹茶、玉露など種類も豊富。お茶菓子は全国をめぐって兵藤さんがおいしいと思ったものを

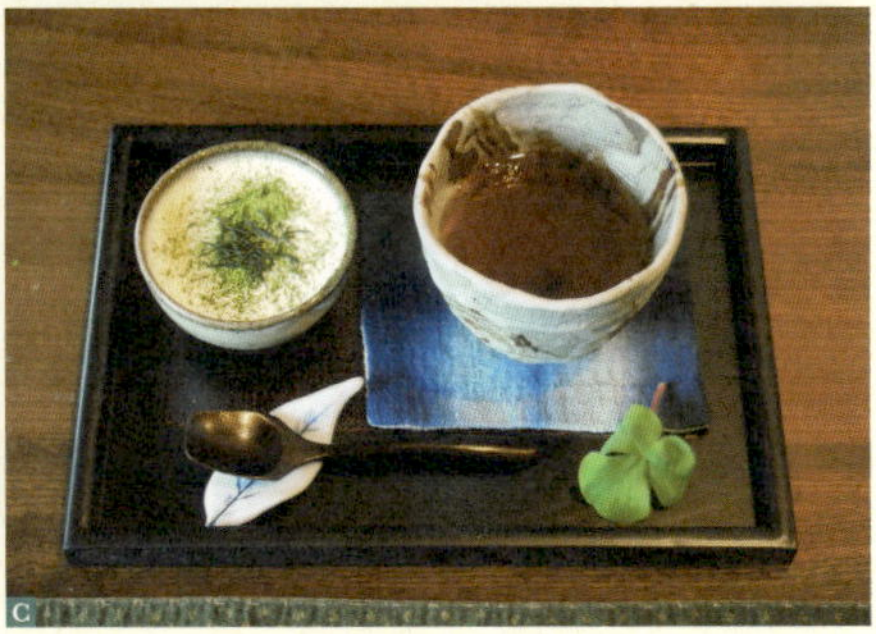

A B 選べるお茶にお菓子が付く「お茶セット」は300円～。玉露は1～3煎を味わい、最後はポン酢や醤油をかけた茶葉そのものを頂ける。C「気まぐれスイーツ」（写真は抹茶ティラミス）は日替わり。D 備前焼から笠間焼、砥部（とべ）焼など全国各地の焼き物がお手頃価格で並ぶ。

Information

7　SALE　SALE

電話	090-3091-5569
営業時間	11：00～18：00
休み	日・月曜、祝日
住所	足立区六町3-8-50
アクセス	つくばエクスプレス六町駅より徒歩7分
HP	——

一点ものの器と出合える、とっておきの場所。

厳選していて、そのお菓子や器のお話を聞きながら食べるのも楽しいひとときだ。

またここを訪れたら必ず食べてほしいのが、兵藤さん手作りの「気まぐれスイーツ」。栗の渋皮煮など旬の食材を使ったスイーツは、どれも絶品。口コミで広まり、遠方からわざわざこのスイーツをめざして訪れる人も増えているのだとか。

暮らしの中にお気に入りの器があること、その器でお茶を頂くこと、小さな季節を飾ること。そんなささやかな幸せをお茶とともに感じられる空間だ。

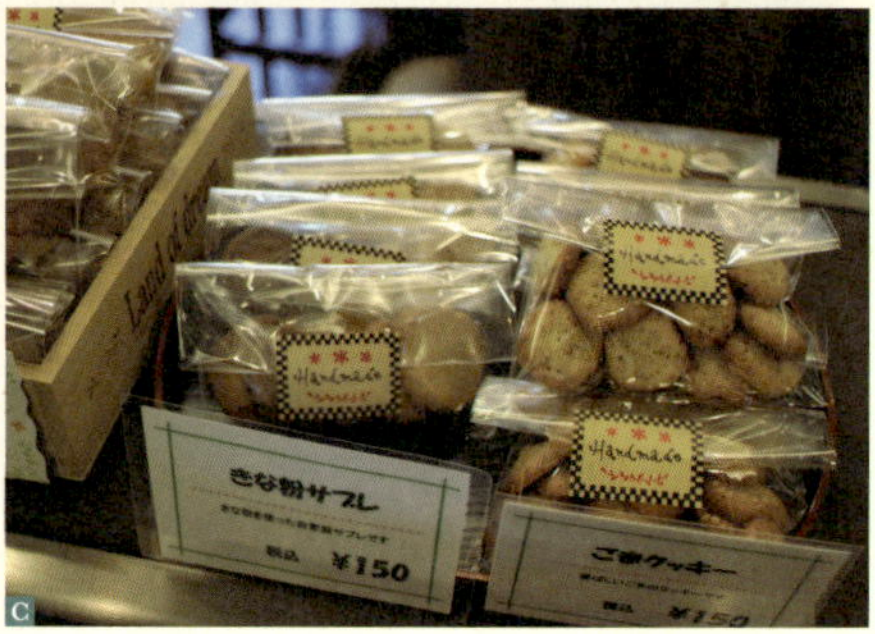

A 煎茶と黒糖どら焼きはセットで800円。洋菓子との組み合わせもできる。**B**「Lento」はイタリアの音楽用語で「ゆっくり」という意味。店名の通り、ゆっくりとしたひとときを過ごせる店内。**C** 手作りの焼き菓子も種類豊富。**D** 人気のランチメニュー「ビーフシチュー」は1,280円。

自家製スイーツとお茶のマリアージュを楽しんで

東京そのほかのエリア 12

国立茶寮 Lento

くにたちさりょう　レント

ビルの2階の扉を開けると、クラシックの音楽とお茶の香りが漂う店内。頂けるお茶は、宇治の抹茶や静岡、狭山、知覧の煎茶、ほうじ茶など店主の伴さんが実際に飲んでみておいしいと思ったお茶だけを厳選。急須でお茶を淹れられるので、淹れる楽しさも味わえる。

パティシエをしていたという伴さんお手製のスイーツも絶品。ティラミスと煎茶、チーズケーキとほうじ茶など、洋菓子とお茶のマリアージュも楽しんでみてほしい。ゆっくりとした時間を過ごせる、大人の隠れ家だ。

Information

18　SALE

電話	042-505-4173
営業時間	平日10：00～20：30（LO20：00） 土・日曜、祝日10：00～18：30（LO18：00）
休み	水曜
住所	国立市東1-17-4 2階
アクセス	JR国立駅より徒歩6分
HP	https://www.facebook.com/lento4173/

A 煎茶「あさつゆ」(550円)はおしゃれなティーカップで。B 愛猫家にはたまらない！「にくきゅう最中」(250円)。C 古い洋館をイメージしたという店内。大きな骨董の時計や棚とともに、猫グッズも目を引く。D 好みの味を伝えれば、おすすめのお茶をセレクトしてくれる。

お茶とゲームと猫
店主の趣味がつまったカフェ

東京そのほかのエリア 13

升階茶寮

しょうかいさりょう

とあるマンションの2階に、店主・山本さんの好きな猫グッズを散りばめた、落ち着いた雰囲気のカフェがある。

お茶は静岡産など約20種。それぞれ、濃厚な「エスプレッソ」と飲みやすい「レギュラー」の2つの飲み方を選べる。

スイーツや軽食の中に、山本さんの趣味だという「クトゥルフ神話TRPG」というゲームの世界観を取り入れた「糖質と脂質の落とし子」などの一風変わったメニューも。お茶好きだけでなく、猫やゲーム好きも集まる楽しい場所だ。

Information

| 電話 | 042-626-2470
| 営業時間 | 14：00～23：00（LO22：00）
| 休み | 月曜、第2・4日曜
| 住所 | 八王子市寺町29-12 メゾン・ド・ミリオン202
| アクセス | JR八王子駅より徒歩10分
| HP | http://saryou.or.tv/

千利休の「市中の山居」をイメージした店内。店内で焙煎しているほうじ茶の香りが漂っている。

利休が理想とした茶室で
心から安らげる時間を

東京そのほかのエリア 14

茶寮 つぼ市製茶本舗

浅草店

さりょう つぼいちせいちゃほんぽ あさくさてん

１日限定10食の「香利休 茶粥セット」。焼いたお餅が乗った茶粥は、香ばしい味わい。

浅草・浅草寺からほど近い場所にある、47都道府県の逸品や隠れた名産品を紹介する「まるごとにっぽん」の2階。ここに、茶人・千利休が生まれた地でもある大阪・堺市で1850年に創業した「つぼ市製茶本舗」のカフェがある。

内装は千利休の茶室「市中の山居」をコンセプトとして、堺出身の空間デザイナー・間宮吉彦さんが手がけたもの。壁には職人さんの手による漆喰が施され、伝統が息づく中に、あたたかみのある空間となっている。

同店のお茶は、お茶の目利きができる「茶鑑定士」の資格を持つ同社社長が自ら産地に出向き、直接仕入れているそう。厳選された茶葉を自社工場で深蒸しにした「煎茶」は、しっかりと濃く、奥深い味わいとなっている。

A仕入れから加工まで一貫して自社生産で作られる「煎茶」（648円）。Bあたたかい「利休餅パイ」は、大阪のお取り寄せランキングで優勝に輝いたことのある濃厚な抹茶あいすくりーむと合わせて。C和菓子付きの「抹茶」も人気。D職人技が光る、落ち着いた空間。

Information

電話	03-3841-0155
営業時間	10：00～20：00(LO19：30)
休み	まるごとにっぽんに準ずる
住所	台東区浅草2-6-7まるごとにっぽん2階
アクセス	つくばエクスプレス浅草駅より徒歩2分、東武伊勢崎線・東京メトロ銀座線・都営浅草線浅草駅より徒歩8分
HP	http://www.tsuboichi.co.jp/

同店オリジナルのお茶や抹茶は店頭で購入もできる。

宇治抹茶を贅沢にあんに練り込んだ「堺利休餅」をパイ生地に包んで焼き上げた「利休餅パイ」は、パリパリともちもちの食感を同時に楽しめる。ほかにも、ほうじ茶を使用した茶粥などの食事メニューから、堺刃物で削ったやわらかい氷に抹茶蜜をかけた「抹茶時雨」というかき氷まで、多彩なメニューが並ぶ。軽食にも休憩にも利用しやすい場所だ。

浅草散策の合間にちょっと休憩したいときは、お茶やスイーツを堪能して、落ち着いた和の空間に癒やされてみては。

A大きな黒いのれんが目印。ガラス張りの店内には、全国各地から取り寄せられた茶葉がずらりと並ぶ。B約10種類から選べる「煎茶」は１杯260円。C散歩の途中に立ち寄れるようにと設けられたテラス席で、各種ソフトクリームや「抹茶パフェ」も堪能できる。

全国から取り寄せた茶葉
選べる煎茶をお手頃価格で

東京そのほかのエリア 15

源宗園 杉並本店

げんそうえん　すぎなみほんてん

2０１８年に創業１００周年を迎えた静岡の「ハラダ製茶」が営むこのお店。店内では自社ブレンドの「やぶ北」をはじめ、狭山茶や知覧茶など、全国の茶葉を販売している。

イートインスペースでは、コクが深く芳醇な香りのする「一番摘み煎茶 明星」や、すっきりとした味わいの「屋久島茶」など、約10種の煎茶を楽しめる。

お茶のほか、パフェやケーキ、軽食メニューも。天気のいい日には外のテラス席で、濃厚な「抹茶ソフトクリーム」を頂いてみるのもよさそうだ。

Information

36 SALE SALE

電話	03-3397-4188
営業時間	平日10：00~18：00（LO17:45※コーヒーやソフトクリームのテイクアウトは~18:00） 土曜・祝日10：00~17：00（LO16:45※同~17:00）
休み	日曜
住所	杉並区今川3-14-3
アクセス	西武新宿線上井草駅より徒歩15分
HP	http://www.harada-tea.co.jp/

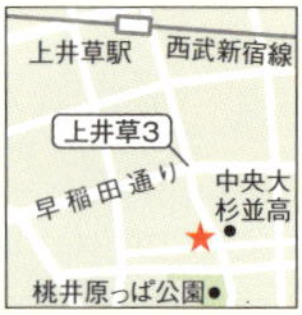

CHAPTER 7 東京からちょっと足をのばして

東京都以外にある
とっておきの日本茶カフェ！

写真：日本茶喫茶・ギャラリー 楽風

煎茶（700円）はお茶菓子付き。２煎目も同時に出てくるので、自分のペースで頂ける。

香料を使用していない、自然素材の香りが広がるフレーバーティーがたくさん。

鎌倉の街でお茶と手ぬぐい
伝統を現代スタイルに変えて

東京からちょっと足をのばして 01

nugoo café

ぬぐう カフェ

鎌倉・鶴岡八幡宮へと続く参道沿いに、色とりどりの手ぬぐいが目を引く「nugoo二の鳥居店」がある。明治時代から続く伝統的な「注染《ちゅうせん》」という技法を守りながら、「次世代の人たちにいいと思ってもらえるものを作り、伝えていきたい」という想いで、手ぬぐいやその生地を使った雑貨を販売しているお店だ。

その2階にお店を構えるのがこちらのカフェ。愛知・西尾の抹茶や芳醇な味わいが特徴の玉露、無農薬で作られた煎茶などが揃っている。また、香料は一切使わず、ゆずの皮や桜の花びらなど四季を感じるものをほどよくブレンドした「香り煎茶」にも注目だ。鼻からふわっと抜ける香りがなんとも心地いい。

そしてお茶の味わいをより深めてくれるお茶菓子は、口の中

A 窓からの光があたたかい明るい店内。お茶をゆっくり楽しめる雰囲気。B ぷるふわ食感の「抹茶ババロア」など、抹茶を使った贅沢スイーツも。C 1階のお店では茶缶やティーバッグ、雑貨などを販売。手ぬぐいを使ったパッケージがかわいくてどれを買おうか迷っちゃう。

でとろけてしまう香川の最高級和三盆、蜂蜜に漬けた甘酸っぱい紀州梅、白玉あんこの3種類から選ぶことができる。

また、「氷暦《こおりごよみ》」という月ごとに味が変わるかき氷も同店の人気メニュー。「抹茶かき氷」は通年のメニューで、西尾の抹茶を惜しみなく使った、贅沢な味わいだ。

「本物の味を、気張らない雰囲気の中で楽しんでほしい」という想いが込められた居心地のいい空間。鎌倉の街を眺めながらお茶を頂けば、究極のくつろぎ時間が流れていく。

Information

電話	0467-22-6704
営業時間	11：00~18：30（LO18：00）
休み	無休
住所	鎌倉市小町2-10-12 2F
アクセス	JR・江ノ島電鉄鎌倉駅より徒歩5分
HP	http://www.grap.co.jp/chakama/

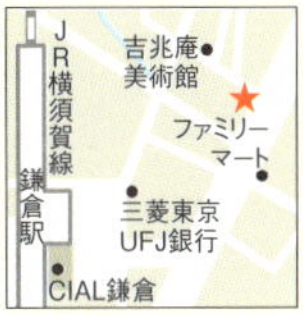

鶴岡八幡宮に参拝した後にここでちょっと一休みしよう。

あたたかみがありながらどこか日常とは異なる、お茶を楽しむためだけの場所。

お茶は店主・齊藤さんがカウンターの奥で丁寧に淹れてくれる。

都会の喧噪から離れて
お茶だけにゆっくり浸れる場

東京からちょっと足をのばして 02

鎌倉倶楽部 茶寮

かまくらくらぶ さりょう

湘南モノレールに揺られて降りた西鎌倉の駅のそばに、ひっそりと佇むこのお店。店内に入ると、銀杏の木を使った一枚板のカウンター席の奥で、店主の齊藤さんが優しい笑顔で出迎えてくれる。

ここでは、なるべく農薬を使っていないものを中心に、齊藤さんがセレクトした全国各地の〝飲んだときに情景が浮かぶ〟お茶のみを楽しむことができる。「やぶきた」や「あさつゆ」、「つゆひかり」など様々な品種のお茶のほか、花のような独特の香りの「微発酵茶」や「碁石茶」などの希少なお茶まで、18種が揃っている。

お茶とともに味わいたいのがお茶うけのメニュー2種類。1つ目の「二十四節気セット」は、季節をテーマに旬の食材を使ったお菓子やドライフルーツ、齊

A お茶はそれぞれ茶葉を見せて説明をしながら淹れてくれる。B 華やかな香りの「川根茶」(800円)とともに、「もなかセット三種のあん」をどうぞ。C「二十四節気セット」は、四季折々のお菓子の中から数種類を選べる。D 店内では茶葉や茶器の購入もできる。

Information

電話	0467-32-1000
営業時間	11:00~19:00 (LO18:30)
休み	水曜
住所	鎌倉市津1040-50
アクセス	湘南モノレール西鎌倉駅から徒歩1分
HP	https://kamakura-club.com/teahouse/

通り沿いに見える白いのれんが目印。

藤さん手作りのお菓子などの中から選ぶことができる。

2つ目の「もなかセット三種のあん」は、つぶあん・白あん・抹茶マスカルポーネのあんを、サクサクのもなかの皮で挟んで頂く。目の前のカウンターで焼いてくれるので、店内に香ばしい香りが広がっていく。

ランチなどのメニューはなく、お茶だけを飲みに行ける、お茶に集中できるお店であることも、お茶好きな人にとっては嬉しいところ。日常の喧噪を離れ、お茶と向き合ってみたいという日には、ぜひ訪れてほしい。

A「煎茶 宇治 和束（わづか）」は700円。B明るい店内。店主・小方さんに話を聞けば、それぞれのお茶の産地や畑の様子を丁寧に教えてくれる。C「抹茶SAKURAスタイル」（写真右）はマグカップで。「ミニほうじ茶パフェ」（写真左）はお茶付きで1,290円。

土地の空気に触れて選んだお茶
絶品のスイーツや食事と一緒に

東京からちょっと足をのばして 03

日本茶専門店 茶倉 SAKURA

にほんちゃせんもんてん さくら

中華街のある横浜・元町。表通りから元町公園に続くゆるやかな坂の途中に姿を見せる同店は、2002年のオープン以来、居心地のいいお茶のお店として多くの人から愛されている。お茶は基本的に無農薬のものを、静岡、福岡、佐賀、宮崎など、店主の小方さんが直接農家を訪れて厳選している。

宇治の抹茶をふんだんに使った「抹茶パフェ」は「お茶の味がしっかり感じられる」とお茶好きをも唸らせる贅沢な逸品。12種類のティーリストから好きなお茶をチョイスして、ほっと癒やしの時間を過ごしてみては。

Information

電話	045-212-1042
営業時間	11：00～19：00（LO18：00）
休み	月曜（祝日の場合は翌日）
住所	横浜市中区元町2-107
アクセス	横浜高速鉄道みなとみらい線元町・中華街駅より徒歩3分
HP	https://www.sakura-yokohama.com/

A 玉露の“露”を体験する「一滴茶コース」（800円）は、予約不要。B 店内は豊臣秀吉が建てた「黄金の茶室」をイメージ。照明を少し落とし、くつろげる空間を演出している。C 手作りの寒天と黒蜜をたっぷり使用した「白玉入り抹茶クリームあんみつ」は抹茶をしっかりと味わえる。

玉露の一滴を楽しめる
プロが教えるお茶の奥深さ

東京からちょっと足をのばして 04

日本茶専門店 茶井

にほんちゃせんもんてん ちゃい

歴史の息づく港町、横須賀・浦賀駅から1分ほどのところに現れる「喫茶 ちゃゐ」という看板。ここは日本茶とお茶の時間を楽しめるカフェだ。

日本茶インストラクターの資格を持つ店主・佐藤さんのおすすめは、煎茶の王様・玉露の〝露の一滴〟を楽しむ「一滴茶コース」。福岡の星野玉露の濃厚な旨みを1煎目で楽しみ、2煎目は高温のお湯で味の違いを堪能。最後に玉露の醍醐味、茶殻を醤油で頂ける。

ゆっくりお茶に向き合ってみると、お茶の時間がちょっと違って見えるかもしれない。

Information

16 SALE SALE

電話	046-841-0713
営業時間	10：00〜18：00（LO17：30）
休み	日曜
住所	横須賀市浦賀3-1-10
アクセス	京浜急行電鉄浦賀駅より徒歩1分
HP	http://www.e-chai.jp/

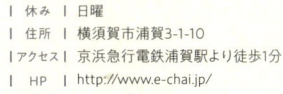

A 迷ったら「煎茶セット」（815円）を。適度なコクと爽やかな味わいを感じられる。セットのお菓子は和洋選べる。B １階喫茶室は風通しがよく心地よい空間。C ２煎目から店内にある茶釜からお湯を汲んで淹れる。D メニューの茶葉や使用した茶器は購入もできる。

緑あふれる古民家カフェで
老舗茶舗のお茶を味わう

東京からちょっと足をのばして 05

日本茶喫茶・ギャラリー 楽風

にほんちゃきっさ・ギャラリー　らふ

埼玉の浦和駅から徒歩10分ほどのところに、明治初期から営業している老舗の「青山茶舗」がある。その奥にあるのが、「茶舗のお茶をおいしく飲んで頂ける場を」という想いで、築120年のお茶の保管庫を改装した古民家カフェだ。

茶葉は静岡産を中心に玉露や煎茶、茎茶、芽茶、ぐり茶、荒茶など豊富に揃っている。お茶菓子セットは、上生菓子かケーキを選べる。1階が喫茶室、2階がギャラリー。靴を脱いで上がるので、まるでおばあちゃんの家に遊びに来たかのような、懐かしさにあふれている。

Information

28　SALE　SALE

電話	048-825-3910
営業時間	10：00～19：00（LO18：30）
休み	水曜、お盆、年末年始、1月11日、12月12日、イベント開催時
住所	さいたま市浦和区岸町4-25-12
アクセス	JR浦和駅より徒歩10分
HP	http://rafu-urawa.com

CHAPTER 8 茶葉を買っておうちで日本茶カフェ

自宅でも日本茶を
淹れてみよう！

写真：茶来未 -cha kumi-

お店では不定期開催だが、茶農家さんを招き、産地や茶畑の話を聞ける機会を設けている。

お茶のことをもっと知りたい！
そんな好奇心をくすぐる場所

茶葉を買っておうちで日本茶カフェ 01

おちゃらか COREDO室町店

おちゃらか コレドむろまちてん

鉄の急須と渋い文字の看板が目印。

以前お店のあった吉祥寺からより幅広い層にお茶の楽しさを伝えるべく、2014年に日本橋へと移転した同店。

フランス人の店主・ステファン・ダントンさんは、ワインソムリエとして味覚や五感を磨き、それを日本茶に取り入れたパイオニアだ。世界を知っているからこそ見える日本茶の魅力と可能性。それにいち早く気付き、まだ誰も「日本茶の違いを楽しむ」という感覚のないころから、自ら構えたお店でその楽しみ方を人々に発信してきた。

急須でお茶を淹れる人が少なくなったといわれる昨今。「急須で淹れたお茶を多くの人に飲んでもらいたい」という言葉だけでは、なかなか伝わらない。そこでステファンさんは、「面白そう」「楽しそう」からでもいいから、お茶に目を向けても

A B 店内にはフレーバー茶のほか、全国様々な産地のお茶や茶器がところ狭しと並んでいて、まるで宝探しのような気分に。C ステファンさんがお店にいるときは、ぜひ話しかけてみて。「お茶を楽しく飲んでもらいたい！」というあふれ出るお茶への愛を熱く語ってくれるかも。

Information

SALE SALE

電話	03-6262-1505
営業時間	10：00~21：00
休み	無休
住所	中央区日本橋室町2-2-1 COREDO室町1 B1階
アクセス	東京メトロ半蔵門線・銀座線三越前駅より直結
HP	http://www.ocharaka.co.jp/

地図はP.36~37

駅直結の地下1階。甘いフレーバー茶の香りに誘われます。

らうことが大切だと考えた。その最初のきっかけを作るために生まれたのが「フレーバー茶」。イチゴやマンゴー、巨峰、やきいもなど、緑色の茶葉の中にフルーツの実や皮が散りばめられ、見た目も香りも華やかだ。

　これをきっかけにお茶の楽しさを知り、次は緑茶や全国各地の煎茶も飲んでみたい！　とお茶の世界へと足を踏み入れた人も多いそう。お店ではフレーバー茶だけでなく、ステファンさんが自ら全国に足を運んでセレクトしたお茶なども多く並ぶ。

　はじめに「楽しい」と思った感覚は、「もっとお茶を知りたい、試してみたい」へと変わっていく。常に次を、さらにその次を見つめているステファンさん。次はどんなお茶の楽しみ方を私たちに教えてくれるのかと、今後も目が離せない。

茶葉を買っておうちで日本茶カフェ 02

OHASHI

オオハシ

まるでフランス菓子店のよう
心をきゅんとさせてくれるお茶

洋菓子屋さんと見紛うかわいさのこのお店、実は創業350年にもなる老舗のお茶屋さんなのだ。日本橋で始まり、中野へと場所を移したのち、2007年から現在の欧風スタイルになったそう。

もともとは卸問屋ということもあり、店内には全国各地のお茶が揃う。「小みかん緑茶」や「しょうがほうじ茶」など、フレーバーティーの種類も豊富だ。

お菓子のようなパッケージがかわいくて、プレゼントや自分へのご褒美に重宝。手にするだけで乙女心をくすぐられるはず。

B

A

D

C

A 煎茶やほうじ茶などの普段使いのお茶から、フレーバーティーやくず湯など種類豊富。B 包装はすべてオリジナルデザインというこだわり。C ティーバッグの1煎パックはちょっとした手土産にも。D「フランスの田舎町」がテーマの店内。

Information

SALE SALE

電話	03-3381-5320
営業時間	10:30~19:00
休み	日曜
住所	中野区中野3-34-31
アクセス	JR・東京メトロ東西線中野駅より徒歩2分
HP	http://ohashi-cha.blogspot.jp/

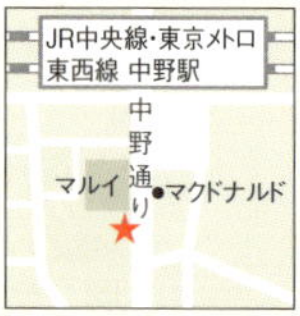

A 味や産地の好みを伝えれば、店長の今中さんが試飲のお茶を丁寧に淹れてくれる。B 静岡の川根茶など常時30種類ほど。C 贈答用の有料包装は本館6階の「時の場／フッピング」にて利用可能。目上の方へのプレゼントにも最適。

気候や風土によって変わるお茶
土地ごとの味の違いを味見して

茶葉を買っておうちで日本茶カフェ 03

日本茶テロワール

にほんちゃテロワール

フランス語で、生育地の地形や気候による特徴を表す言葉、「テロワール」。ワイン用語として知られているが、このお店では日本茶に用い、生産地ごとの茶葉の味わいや淹れ方を提案してくれる。

店頭には全国各地のお茶が常時30種類ほど並ぶ。味の好みや用途を伝えれば、セレクトしたお茶を茶釜で沸かしたお湯で淹れてくれ、その場でテイスティングすることができるのも嬉しい。随時、限定アイテムも登場するので、季節のおすすめを聞いてみて。

Information

SALE

電話	03-3352-1111（伊勢丹新宿店大代表）
営業時間	10：30～20：00
休み	伊勢丹新宿店に準ずる
住所	新宿区新宿3-14-1 伊勢丹新宿店本館 B1階
アクセス	東京メトロ丸ノ内線・副都心線新宿三丁目駅より徒歩1分、都営地下鉄新宿線新宿三丁目駅より徒歩3分
HP	http://www.aikoku-seicha.co.jp/

B

A

D

C

A B C 店舗には全国のお茶をはじめ、自社の茶園で育てられた「水を守るお茶」（1,080円／80g）などが並ぶ。D 製茶場では、はじめに茶葉（荒茶）を頭・尺・身・芯・芽・粉の6つに分類し、その後の工程でさらに12まで分別する。

作り手の顔が見えるお茶
茶師のこだわりがつまった一杯を

茶葉を買っておうちで日本茶カフェ 04

茶来未 -cha kumi-

ちゃくみ

Information

SALE SALE

電話	0466-54-9205
営業時間	10：00～18：00
休み	年末年始
住所	藤沢市遠藤2526-25
アクセス	JR東海道線辻堂駅から「神奈川中央交通バス」遠藤松原バス停より徒歩1分
HP	http://www.chakumi.com/

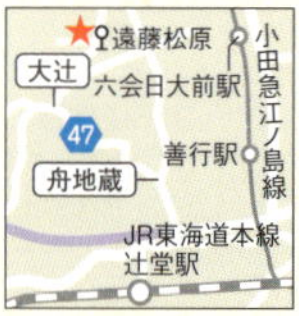

神奈川県藤沢市に、茶師が営む茶葉専門店がある。

店舗では自社で作られた茶葉100種以上を販売。併設の製茶場では、自社茶園の茶葉や全国の選りすぐりの荒茶原料を12に分類。部分別に焙煎の温度を変えて火入れし、最適な配合で合組《ごうぐみ》（ブレンド）している。

茶師で店主の佐々木さんは、茶畑や製茶工場でお茶の生産・開発をするかたわら、自ら店舗に立ち、お客さんにお茶を淹れてくれる。それぞれの味や製造過程を聞けば、お茶への知的好奇心がさらに高まるはずだ。

B

C

A

A 自宅でコーヒーと同じようにドリップして淹れられる。ドリップバッグもあり。B お茶とコーヒーが互いの旨みと香りを引き立て合い、極上のブレンドに。C 2017年には世界の食通が集まる祭典「Taste of Paris」に出店し、注目を集めた。

“日本茶×珈琲”という新境地を拓くオンラインショップ

茶葉を買っておうちで日本茶カフェ 05

京茶珈琲

きょうちゃこーひー

SALE

Information

| オンラインストア | https://nagistyle.thebase.in/
| HP | http://nagikyoto.com/

日本茶とコーヒーの
新しい出合い！

京都西陣の珈琲焙煎職人と、京都の老舗宇治茶問屋のタッグによって生まれた和コーヒー。お茶とコーヒーのおいしさを損なうことなくブレンドするため、約2年かけて開発。煎茶、番茶、ほうじ茶、麦茶と珈琲のブレンドが4種類誕生した。
中でもほうじ茶に中煎り・深煎りコーヒーをそれぞれブレンドした「焙（ほうじ）」の種類は、国内外でも一番人気。ブラックとラテで、お茶を感じるタイミングが変わるのも面白い。お茶とコーヒーが見事にマッチした一杯。ぜひ一度味わってみて。

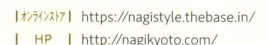

COLUMN 06

日本茶のおいしい淹れ方

ちょっとひと手間加えるだけで、自宅でもかんたんにおいしいお茶を飲めます。さあ、まずは試しに一杯淹れてみましょう。

Step 1 急須に茶葉を入れる

中・上級のお茶の場合、茶葉の量は2～3g／人ほど。ただし、一人分だけ淹れるときは少し多めの大さじ1程度（6～8g）で試してみて。

Step 2 お湯の温度を調整する

沸騰させたお湯を湯呑みや湯冷ましに移して適温まで下げます。器に1回移すごとに約10℃下がります。

Step 3 急須にお湯を注いでふたをして待つ

浸出時間は茶葉の種類によって異なります。深蒸し煎茶なら約30秒、普通蒸し煎茶なら1分ほど。お好みで時間を変えて、自分の好きな味を探してみましょう。

湯呑みに注いでできあがり

茶葉の種類別早見表（一人分を目安）

	玉露	普通蒸し煎茶	深蒸し煎茶	茎茶	番茶	ほうじ茶・玄米茶
茶葉の量	8～10g	6～8g	6～8g	6～8g	6～8g	6～8g
お湯の適温	40～50℃	60～75℃	70～80℃	60～90℃	85～100℃	90～100℃
浸出時間	2～3分	30秒～1分	30～40秒	30秒～2分	15～30秒	15～30秒

※茶葉の品種によっても多少変わるので、パッケージの表示をチェックしてみましょう。

日本茶アーティスト

茂木雅世（もきまさよ）

「暮らしの中に急須で淹れるお茶があってほしい」という想いで、様々な場であたたかい『煎茶』のある時間や場を創る。近年では煎茶にまつわるプロダクトやイベント、プロジェクトの企画、企業のお茶にまつわるディレクションやプランナーの活動、メディア出演やMCなども。FMyokohama「NIPPON CHA・茶・CHA」(毎週土曜日午前8：55〜）のレギュラーDJ。煎茶道東阿部流 師範。SNSではリアルなお茶情報もつぶやいている。

Twitter：@ocharock

staff

編集	出口圭美、中尾祐子、土屋萌美
営業	峯尾良久
デザイン	森田千秋（G.B.Design House）
撮影	森山広三
校正	大木孝之
地図製作	マップデザイン研究室

東京のほっとな お茶時間

初版発行　2018年4月30日

著者　茂木雅世
発行人　坂尾昌昭
編集人　山田容子
発行所　株式会社 G. B.
〒102-0072
東京都千代田区飯田橋4-1-5
電話　03-3221-8013（営業・編集）
FAX　03-3221-8814（ご注文）
http://www.gbnet.co.jp

印刷所　株式会社廣済堂

ISBN：978-4-906993-53-6

“ほっとする日本茶のお店”もいいけど

“仕事おわりの夜のよりみち”もおすすめ！！

各1,600円（税抜）！

読書やアート鑑賞、
ごほうびスイーツ、星空観察まで！
東京の夜のおすすめスポットを紹介

『東京の夜のよりみち案内』（福井麻衣子）

そのほかにもふらっと行けるいろいろ旅♪

ちょっと足をのばして
個性的な美術館めぐり♪

**『東京からちょっと旅
ちいさな美術館めぐり』**
（土肥裕司）

美術館・博物館・ギャラリーを
もっとめぐりたくなったら

『東京のちいさな美術館めぐり』
（浦島茂世）

個性的な書店やブックカフェを
めぐりたくなったら

**『東京 わざわざ行きたい
街の本屋さん』**
（和氣正幸）

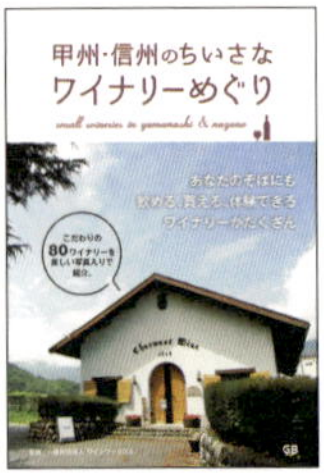

日本産ワインにはまったら、
長野や山梨へGO♪

**『甲州・信州の
ちいさなワイナリーめぐり』**
（一般社団法人ワインツーリズム）

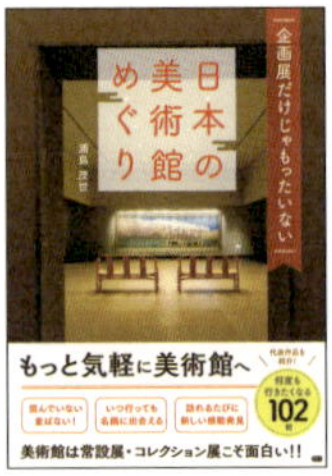

美術館の常設展を
めぐるなら

**『企画展だけじゃもったいない
日本の美術館めぐり』**
（浦島茂世）

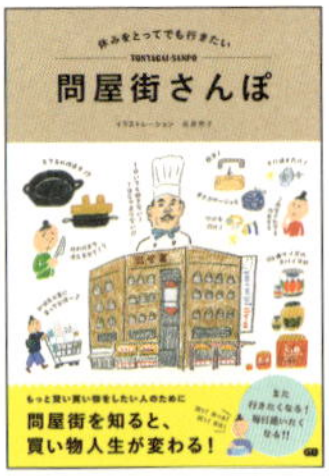

もっと賢く買い物を
したくなったら

**『休みをとってでも
行きたい問屋街さんぽ』**
（古谷充子）

発行・発売：GB